西方商务经济学名著译丛
Economics For Business

商务经济学入门

[日] 早稻田大学商学部　著
　　 商务经济学研究协会

久保克行/横山将义/高濑浩一/嶋村紘辉
佐佐木宏夫/横田信武/片冈孝夫/晝间文彦

金燕玲　等译

瞿晓华　审

Economics For Business

復旦大學出版社

上海商学院商务经济学系列丛书编委会

主　任　　朱国宏　贺　瑛

副主任　　王胜桥　李育冬　刘　斌

编委会成员　李元旭　刘会齐　曹剑涛　伊　铭　王小平　窦莉梅
　　　　　　王大群　张期陈　戴　莹　金燕玲　周　岩　李　清
　　　　　　曹　静　焦　玥　狄　蓉　刘　欣　蒋传进　叶　龙
　　　　　　余秀荣　侯立玉　袁明玉　吴晓伟

西方商务经济学名著译丛编委会

主　编　　王胜桥

副主编　　刘会齐　曹剑涛

译丛总序

  2012年国家教育部颁布的《本科专业目录》中,经济学学科门类下新增设了商务经济学特设专业。商务经济学在国外是个非常重要的学科,国外商务经济学的研究总体也较为成熟,成果也较为丰富。但在国内,商务经济学无论是专业还是学科仍然还处在初期探索阶段。

  日本真正意义上的现代经济学和商学教育,是最近二十来年才开始迅速发展起来的。现代经济学非常注重引入自然科学的研究方法和分析框架来研究社会经济、行为和现象,强调从假设到推理再到结论的内在逻辑,强调用数学和数理模型作为基本逻辑分析工具,强调以数理统计和计量经济学为基础的实证研究,具有很强的应用性、实证性和自然科学性,像任何一个学科一样,一个没有理论基础的商学就是无本之木、无源之水。

  20世纪90年代以来,特别是进入21世纪以后,随着西方现代经济学在中国经济学界确立其主流地位,无论是经济学学术期刊还是大学经济学科建设,西方现代经济学研究或基于西方现代经济学理论和方法基础上的研究,均占有绝对优势,基于计划经济背景建立起来的商业经济学、贸易经济学和流通经济学在内的诸多传统学科正面临极大的挑战。在这种情势下,2012年我们上海商学院率先在全国组建了商务经济学学科团队,并率先申报成功上海市本级财政预算重点学科立项,开展系统的商务经济学学科基础研究。我们尝试把商务经济学作为一个新学科提出,尝试区别于以往的商业经济学、流通经济学的范式,借鉴国外商务经济学的研究,立足中国实践,以经济学的实证研究方法来研究企业商务问题,开展商务经济学的基础理论研究,构建商务经济学的学科体系。在具体的成果上,我们希望通过"六个一"来体现,即通过若干年的努力,翻译出版一套西方商务经济学名著,发表一批商务经济学基础性研究系列高质量论文,出版一批商务经济学系列专著,开办一个商务经济学专业,出版第一本商务经济学教材,建设一个商务经济上海市级乃至全国的人文社科重点研究基地。这些目标正在逐步实现:学科团队已经发表了部分原创研究论文,2014年申办成功了全国最早之一的商务经济学专业并开始招生,2016年成功获批上海市商务经济人文社科重点研究基地。这套即将出版的《西方商务经济学名著译丛》正是我们的"六个一"的成果体现。这套著作具有以下特点：

日本早稻田大学商学部久保克行等作者合著的《商务经济学入门》从经济学的角度谈商务，把经济和商务之间的相互关系和作用作为主要的论点展开分析，通过案例说明经济与商务现象，演绎经济学与商务领域基础知识，是一本言简意赅、通俗易懂的商务经济学的入门著作。该书由金燕玲讲师主译，李慧卿讲师翻译了部分章节，瞿晓华副教授主审。

John Sloman 所著《商务经济学》是一本基于商务环境视角撰写的商务经济学著作。它涵盖了标准经济学著作中的基本核心原理，并通过大量的商务案例，展现各种经济学概念和原理在不同商务环境中的应用，帮助学习者更直观、更彻底地学习与掌握商务经济学原理。该书由戴莹副教授主译，王胜桥教授、方梦之教授主审。

Rob Dransfield 所著《商务经济学》以简洁易懂的方式整体描绘了商务经济的运行，书中有众多与生活现实密切相关的案例，能够让读者把抽象的理论与实际生活结合起来。该书由上海商学院商务经济学学科团队合作翻译完成，分工如下：狄蓉博士（前言、第6章部分），刘会齐博士（第1、6、15章部分，及协助统稿，校订和梳理全书图表），王小平博士（第2、13、14、17章），王大群博士（第3、11章），张期陈博士（第4、5章），曹剑涛博士（第1章部分、第7章及协助统稿，校订全书专业术语、外文人名和专有名词，进行相关补缺工作），李清博士（第8章），伊铭博士（第9、10、12章），刘欣博士（第15章部分），曹静博士（第16章），王胜桥教授（统稿并审定）。

Praveen Parboteeah 和 John Cullen 合著的《商业伦理学》原由美国纽约 Routledge 出版社出版。该书以经典商业伦理理论为基础，详细解读企业中各种商业伦理行为及其成因及影响，并采用大量翔实的案例对商业伦理分层进行分析，是一本理论与实践相结合的最新商业伦理书籍。该书由周岩副教授主译，冯叔君副研究员和吴慧珍讲师及于静副教授翻译了部分章节，王胜桥教授主审。本书也得到了上海商贸业知识服务中心和上海商学院商业伦理学重点科研项目资助。

丛书翻译历时三年，每本著作均经几易其稿才呈现在大家面前。由于水平有限，翻译中难免错误之处，敬请行家与读者批评指正！

王胜桥

2017年7月15日

前　　言

本书主要以商学系、商经系、管理系、信息管理系、商务系中学习商务类课程的学生为对象,是对其基础学科经济学进行论述的入门书籍。另外,对于有志于学习商务的学生和将来打算置身于商务世界的人士,以及已经活跃在商务领域的商务人士,也提供了有益的学习内容。

本书着眼于开展广泛商务活动的企业的经济行为和决策,以及围绕企业的经济社会,对现代经济学的基本概念和理论加以解释和说明。因此,本书名为"商务经济学入门"。

本书介绍了学习工商管理、会计、商业等商务专业知识必不可少的经济学知识和方法。此外,对于以本书作为开端,打算接下去系统性学习宏观经济学、微观经济学,继而学习经济学应用领域(财政、金融、公共经济、环境经济、国际经济、产业组织、劳动经济、社会保障、交通等)知识的读者来说,在明确商务和经济的关系基础上,可以学到经济学的本质。另外,通过考察对经济具有牵引和推动作用的企业的经济活动,还可以培养洞察现实经济动向的能力。

本书的视点

笔者所就职的早稻田大学商学部,把"商学"定义为:"通过把财产、服务、货币、信息、时间等资源进行有效的分配,以及顺畅的流通,使人们的社会生活在质和量上都变得丰富的学问。"这里所说的商学,可以认为是所有与商务有关的学问。在现代社会中,商务经济学作为对管理、会计、商业/流通、贸易、金融等"网络组织"进行考察的学问,有必要运用商学或商务理论的观点。

学习作为"网络组织论"的商学及商务理论时,不能"只见树木(管理、会计、商业等)不见森林(经济)"或"只见森林不见树木"。只有全面顾及商务和环绕商务的环境这两方面,才能够学到作为"应用科学"的商学和商务理论知识。本书从经济学视角对商务进行观察,把商务和经济动向之间的相互作用作为主要论点,以此展开对"商务的经济学"的说明和论述。

本书的构成

本书共有十章内容，主要内容包括与商务关联性较高的经济学基础理论和经济现象。第一章是序言部分，讲述了商务经济以什么为中心，对本书的整体情况进行了介绍。

第二至五章，根据微观经济学的分析方法，将焦点置于企业行为和企业活动的市场之中。第二章以市场结构和机制为中心，对需求和供应、市场均衡、市场的有效性进行介绍。第三章讲述外部性、公共物品、不完全信息、自然垄断等，当市场缺乏效率时，政府怎样干预才是最理想的。第四章根据最近在微观经济学领域中其重要性不断升高的博弈论，提出了在市场竞争中如何制定企业战略（例如产品定价）的看法和观点。第五章从理论上思考企业生产行为的同时，分析和阐释日本企业在企业结构和组织、雇佣以及金融方面的特点。

第六至八章根据宏观经济学的分析方法，将焦点置于围绕企业的环境，即经济的整体动向。第六章根据GDP（国内生产总值）、物价、雇佣、货币、汇率等经济统计，对日本经济的动向进行了分析。第七章以宏观经济结构为中心，对经济循环、总需求和总供给、宏观经济的均衡和变动进行了说明。第八章以财政和金融为中心，对政府的经济活动及其影响，以及金融所起的作用和中央银行的作用进行了介绍，并对宏观经济政策的手段和方法进行了思考和探讨。

另外，第九章作为国际商务的一个方面，把焦点置于国际贸易，考察贸易决策、汇率决策、贸易对经济景气变化的影响。最后，第十章以其他未涉及的课题为中心，在思考商务和经济社会的今后发展的同时，提出了商务经济学的方向定位。

为了便于读者掌握各章的内容，各章在内容安排上，首先是概要和关键词，其次采取正文和练习题的形式。而且，除了第十章之外，其他各章中都设计了与正文密切关联的专栏，补充和充实了正文。另外，本书的卷末有学习指南、各章的练习题答案和提示，以便于提高对包括商务经济学在内的经济学整体方面的理解。

本书系统总结了有关商务经济的基础理论。因此，为了提高理解，建议仔细阅读全部内容，并且各章的内容在编写上是相对独立的，读者也可以挑选感兴趣的部分阅读和学习。

本书的特色

1. 欧美出版了很多如商务经济学（Business Economics）或管理经济学（Managerial Economics）等与本书同类的读物。而在日本，与"宏观经济学"及"微观经济学"等相关文献相比，探讨"商务经济学"的资料甚少，在此意义上，本书是一种新的尝试。本书的著者们都是在商学系实际教授经济学课程的老师,这也正是本书的优势之一。

2. 本书尽量对商务经济学的基本概念及基础理论进行简洁易懂的解说,即在说明中,多使用图表、数值等,尽量使用简单公式。

3. 本书内容上构建了一个商务经济学的体系,重视其基础理论对现实的适用性。读者通过本书,可以掌握对现实经济生活的看法及思考方法。

4. 本书中为了简单明了,用加黑标记出了图表编号及一些较重要的语句。希望可以作为读者学习的参考。

5. 在各章结束后都附有练习题。读者可以通过独立思考来找到答案。这也是理解本书内容的一种非常有效的方法。

6. 本书旨在为商科学生在学习商业相关课程时,提供不可或缺的经济学知识及方法,并且著者们也时刻不忘想要更多地学习商务的学生及在商业世界中活跃着的人们,同时努力让就算是初次接触经济学的人也能轻松地读懂本书。

"早稻田大学商学部商务经济学研究会"以担任"基础经济学"(面向一年级学生)的老师为中心,反复探讨经济学教育在商学部里的理想状态,以及学习商业类学科时必需的经济学知识和方法等。2006年出版的《商务经济学入门》一书,就是研究会的成果当中的一部分。之后,《基础经济学》课程一直把《商务经济学入门》作为教材使用,但是到了2014年,书中的最新数据需要更新,经济理论的解释也需要补充,因此对第五章、第七章、第九章的内容进行了大幅度的修改,书名为《商务经济学入门》。

由于是多人共著,著者们反复为本书的结构与内容开会研究,由横山将义编写了序章及第一章第二节、第九章,久保克行编写了第一章第一节和第五章,高濑浩一编写了第一章第三节和第十章,嶋村紘辉编写了第二、三章,佐佐木宏夫负责编写第四章,横田信武负责第八章(第一——四节),片冈孝夫负责第六、七章,畫间文彦负责第八章(第五—七节)。

练习题、学习指南、练习题参考答案及提示是由所有著者共同完成的,经过相互间的内容调整、校样检查等过程后终于得以出版。但是,由于篇幅的原因以及编者们的疏漏,可能会有说明上的漏洞及意想不到的错误之处,烦请读者朋友们给予指正批评。

最后,我们要对继《入门宏观经济学》(1999年)、《入门微观经济学》(2002年)、《商务经济学入门》(2006年)出版之后,为本书的发行竭尽全力、付出甚多的编辑部纳见伸之先生表示由衷的感谢。

全体著者
2015年1月23日

目 录

第一章 为何要学习商务经济学

一、市场中的企业竞争 ……………………………………………………… 2
 （一）企业排名的变迁 ……………………………………………… 2
 （二）企业成功与失败的要因 ……………………………………… 4
二、商务与经济 ……………………………………………………………… 4
 （一）什么是经济学 ………………………………………………… 4
 （二）商务经济学的视点 …………………………………………… 5
三、本书的主要学习内容 …………………………………………………… 7
 （一）以企业或市场为中心的分析 ………………………………… 7
 （二）以国家为单位的经济及以国际经济为中心的分析 ………… 8
 练习题 ………………………………………………………………… 9

第二章 市场与竞争

一、市场是什么 ……………………………………………………………… 12
 （一）市场的含义 …………………………………………………… 12
 （二）市场的竞争形态 ……………………………………………… 12
二、市场的需求与供给 ……………………………………………………… 13
 （一）需求曲线 ……………………………………………………… 13

（二）供给曲线 ··· 14
三、市场均衡 ··· 15
　　（一）市场的价格调整机制 ··· 15
　　（二）需求与供给的变化 ·· 15
　　[专栏] 需求与供给的弹性 ··· 17
四、消费者剩余与生产者剩余 ·· 17
　　（一）消费者剩余 ··· 17
　　（二）生产者剩余 ··· 18
五、市场的效率 ·· 19
　　（一）完全竞争市场的效率 ··· 19
　　（二）不完全竞争市场的低效率 ··································· 20
　　[专栏] 效率的基准：帕累托最优 ·································· 21
六、政府的价格管制与征税 ··· 22
　　（一）价格上限的管制 ··· 22
　　（二）消费税的影响 ·· 23
　　练习题 ·· 24

第三章
市场失灵

一、外部性 ·· 26
　　（一）外部不经济与外部经济 ······································ 26
　　（二）外部性造成的市场失灵 ······································ 26
二、外部性的解决方法 ··· 27
　　（一）整合 ·· 27
　　（二）协商：科斯定理 ··· 28
　　（三）环境管制 ·· 28
　　（四）庇古税与补贴 ·· 29
　　[专栏] 排放权交易 ·· 30
三、公共产品 ··· 30
　　（一）非竞争性与非排他性 ··· 30

(二) 搭便车问题 ·· 31
四、公共产品的供给 ·· 31
　　(一) 公共产品的最优供给量 ····································· 31
　　(二) 市场失灵与政府供给 ······································· 32
　　[专栏] 共有资源 ·· 33
五、不完全信息：逆向选择 ·· 33
　　(一) 柠檬市场 ··· 33
　　(二) 发送信号 ··· 34
　　(三) 自主选择 ··· 35
六、道德风险 ··· 35
　　(一) 保险中的道德风险 ··· 35
　　(二) 代理问题 ··· 36
　　(三) 监督 ·· 36
　　(四) 诱因体系 ··· 37
　　[专栏] 自然垄断 ·· 37
练习题 ··· 38

第四章
竞争与战略

一、市场中的竞争 ·· 40
　　(一) 差异化竞争与价格竞争 ···································· 40
　　(二) 激烈的价格竞争 ··· 40
二、降价竞争博弈 ·· 41
　　(一) 所谓博弈论 ··· 41
　　(二) 价格竞争博弈 ·· 42
三、占优策略均衡与囚徒困境 ····································· 43
　　(一) 占优策略均衡 ·· 43
　　(二) 囚徒困境 ··· 44
　　[专栏] 最低价格保证：对消费者而言真的有利吗？ ··········· 45

四、纳什均衡的思路 ··· 46
   （一）超市的选址 ··· 46
   （二）纳什均衡 ··· 47
五、行动与策略 ··· 47
   （一）博弈树 ··· 47
   （二）谈判最后阶段的博弈 ··· 48
   （三）展开型博弈的纳什均衡 ··· 49
   （四）威吓的作用 ··· 50
练习题 ·· 51

第五章
企业中的经济学与日本企业

一、公司的结构 ··· 54
   （一）公司的数量和股份制公司的特征 ······································· 54
   ［专栏］会员公司和 NPO ··· 55
   （二）现值 ··· 55
   （三）股价的确定 ··· 56
二、微观经济学中的企业理论 ··· 58
   （一）成本曲线 ··· 58
   （二）平均成本、边际成本、平均可变成本 ··································· 59
   （三）利润最大化 ··· 60
   （四）企业的供给曲线 ··· 61
   （五）从等式来看利润最大化 ··· 63
三、日本企业的特点 ··· 64
   （一）日本企业与外国企业 ··· 64
   （二）从雇用看日本企业 ··· 65
   （三）从金融方面看日本企业的特点 ··· 67
   练习题 ··· 68

第六章
从宏观统计看日本经济

一、何谓 GDP 72
    （一）附加价值 72
    （二）三面等价 73
    [专栏] 产业结构转化与经济软化 75
    （三）GDP 与 GNP 75
    （四）名义 GDP 与实际 GDP 76
    （五）存量与流量 76
二、经济增长与景气变动 76
三、物价变化 77
    [专栏] 石油危机 79
四、失业 79
    [专栏] 非正式雇佣 80
五、货币供应量和利率 81
    [专栏] 泡沫经济的崩溃和平成萧条及金融危机 82
六、汇率及经常性收支 82
    [专栏] 布雷顿森林体系的崩溃和日本经济的国际化 84
    练习题 85

第七章
宏观经济的结构

一、经济循环 88
    （一）支出和分配 88
    （二）宏观经济平衡 89
    [专栏] 少子老龄化与日本经济 90
二、总需求 90
    （一）消费函数与均衡 GDP 90

（二）乘数效应 ··· 92
　　（三）总需求的变动 ··· 92
　　（四）物价水平与总需求 ··· 93
　　［专栏］自我实现的预言 ··· 95
三、企业的生产活动与总供给 ·· 95
　　（一）实际工资率与生产积极性 ·· 95
　　（二）物价水平与总供给 ··· 96
　　（三）供给冲击 ·· 97
四、宏观经济的均衡与变动 ·· 97
　　（一）景气变动与景气对策 ·· 97
　　（二）长期均衡与供给冲击 ·· 98
练习题 ··· 99

第八章
财政与金融

一、财政的职能及其结构 ·· 102
　　（一）财政的基本职能 ··· 102
　　（二）预算 ··· 103
　　（三）财政投融资 ··· 103
　　（四）公共部门及其支出 ·· 103
二、税制及其课题 ··· 104
　　（一）税制改革 ··· 104
　　（二）税收负担率和国民负担率 ··· 104
　　［专栏］目的税（特定财源） ·· 105
三、财政赤字和公债 ·· 106
　　（一）公债发行 ··· 106
　　（二）公债余额的累积 ··· 107
四、社会保障制度的结构改革 ·· 107
　　（一）社会保障相关费用的增加 ··· 107
　　（二）医疗、养老保险的改革 ·· 108

［专栏］养老金的财政方式 ··· 108

五、货币的职能和货币存量 ·· 109
　　（一）货币的基本职能 ·· 109
　　（二）货币形态的进化 ·· 109
　　（三）日本的货币存量统计 ·· 110
　　（四）银行的信用创造 ·· 111
　　（五）货币存量与中央银行 ·· 111
　　［专栏］电子货币与新型银行 ······································· 112

六、金融的职能及其构成 ·· 113
　　（一）金融及其交易形态 ·· 113
　　（二）金融体系近来的变化 ·· 114
　　（三）所谓利率 ··· 114

七、中央银行与金融政策 ·· 115
　　（一）中央银行的作用与金融政策 ··································· 115
　　（二）近年来的金融政策运营和日本银行的自主性（独立性） ············· 116
　　练习题 ·· 117

第九章
国际商务中的经济学

一、贸易与资源分配 ·· 120
　　（一）比较优势 ··· 120
　　（二）生产专业化和资源分配 ······································ 121

二、贸易与经济福利 ·· 122
　　（一）自由贸易 ··· 122
　　［专栏］贸易与生产要素价格 ······································· 123
　　（二）贸易保护 ··· 123
　　（三）自由贸易区 ·· 124

三、资本流动 ··· 125

四、国际交易与汇率 ·· 126
　　（一）国际收支 ··· 126

（二）外汇市场与汇率 ………………………………………………… 128
　　（三）利率裁定与汇率 ………………………………………………… 129
　　（四）购买力平价 ……………………………………………………… 130
五、贸易与景气变动 ………………………………………………………… 132
　　（一）贸易与GDP ……………………………………………………… 132
　　（二）汇率与经常性收支、GDP ……………………………………… 134
　　练习题 …………………………………………………………………… 136

第十章
经济社会的展望与未来

一、商务与竞争 …………………………………………………………… 138
　　（一）企业与商务活动 ………………………………………………… 138
　　（二）市场的开放与新市场 …………………………………………… 139
　　（三）商务活动与伦理 ………………………………………………… 140
　　（四）商务活动的局限性与政府 ……………………………………… 141
二、世界与商务活动 ………………………………………………………… 142
　　（一）企业与国际商务活动 …………………………………………… 142
　　（二）国家与地区 ……………………………………………………… 142
　　（三）金融市场 ………………………………………………………… 143
三、商务活动与经济的未来 ………………………………………………… 145
　　（一）经济与环境 ……………………………………………………… 145
　　（二）地球与国际合作 ………………………………………………… 146
　　（三）信息化社会与未来 ……………………………………………… 147
　　练习题 …………………………………………………………………… 147

学习指南 ……………………………………………………………………… 149
练习题参考答案及提示 ……………………………………………………… 153

第一章
为何要学习商务经济学

> 首先笔者将阐述为什么要学习商务经济学。经济学是分析如何分配以及为谁分配稀缺资源的学问。其中,特别把企业的决策和围绕企业的环境作为焦点研究的就是商务经济学。

☑ 关键词

企业	企业经济学	资源分配	所得(收入)分配
实证经济学	规范经济学	效率	公平性
宏观经济学	微观经济学	市场	市场机制
商务经济学	混合经济体制	需求与供给	国际经济

一、市场中的企业竞争

社会上存在着很多企业。它们成立后不用几年的时间,有些急速成长而被媒体大肆宣扬,也有一些倒闭消失。另外,企业一直在进行着各种各样的决策。如果你看报纸的话,就会发现,几乎每一天都会有与企业有关的报道。以下是近期《日本经济新闻》的几个标题。

  A公司进入后发医药品行业,将B公司子公司化
  C新公司,从亏损的40个项目中撤离
  D公司重建策略,申请退休或转业120人——可能从杂货销售行业撤离,主营专注于玩具
  明春E公司缩减录用应届毕业生至三分之一——引进新人事制度,废除一般职位

这些报道显示了企业在进行各种各样的决策。而且,从这些报道中可以看出,在一些企业成长、成功的同时,也有很多企业业绩平平,需要进行事业重组。在有些企业经营失败的同时,也有一些企业事业一直顺利。在这些成败的背后,有着怎样的机制在起作用呢?

(一) 企业排名的变迁

表1-1为1950年、1970年、1994年及2013年日本大企业的排行榜。此表中的日本企业是按照资产规模的大小进行排序的。我们从此表中可以看出什么呢?

表1-1 资产规模企业排行榜的变迁

名次	1950年	1970年	1994年	2013年
1	八幡制铁	新日本制铁	东京电力	丰田汽车
2	富士制铁	三井物产	NTT	NTT
3	钟渊纺织	三菱商事	东日本旅客铁道	东京电力
4	伊藤忠商事	东京电力	关西电力	索尼
5	丸红	三菱重工业	丰田车	三菱商事
6	日本通运	丸红饭田	三菱商事	本田技研工业
7	东洋纺织	伊藤忠商事	中部电力	日产汽车
8	日本钢管	日立制作所	三井物产	日立制作所
9	三井矿山	日本钢管	松下电器产业	三井物产

(续表)

名次	1950年	1970年	1994年	2013年
10	东洋棉花	关西电力	伊藤忠商事	关西电力
11	关西电力	日产汽车	日立制作所	东日本旅客铁道
12	大日本纺织	石川岛播磨重工业	九州电力	NTTdocomo
13	日棉实业	东京芝浦电气	丸红	松下
14	江商	住友金属工业	住友商事	伊藤忠商事
15	日立制作所	住友商事	三菱重工业	东芝

出处：东洋经济新报社编：《日本会社史·总览·别卷》，东洋经济新报社（1950年、1970年、1994年、2013年），日经NEEDS企业统制评价系统。

首先我们注意到，1950年和2013年大企业的名单有很大的不同。即便某一时期成功了，成了大企业，但是随着时代和环境的变化也出现了失败或衰退的情况。1970年和1994年的排行榜也有很大的不同。

20世纪50年代，冶铁业、纺织业等传统产业在排行榜上名列前茅。名列第一、第二的是八幡制铁、富士制铁，钟渊纺织（后来的钟纺）名列第三。从1970年的排行榜来看，新日本制铁（八幡制铁与富士制铁合并）依然名列第一。从1970年的排行榜中可以看到，作为新的电气机器产业的东京芝浦电气（后来的东芝）进入前15名，而1950年时排名前十的钟渊纺织、东洋纺织、东洋棉花（后来的东棉）的排名大幅下降，产业结构发生了巨大的变化。另外，1994年的排行榜也发生了很大的变化。东京电力取代日本制铁位列榜首，电气机器、汽车行业等企业的排名上升。而且，由于旧国铁和旧电力公社为民营化，NTT及东日本旅客铁道（JR东日本）等的排名进入了前十。2013年排行榜中，丰田汽车名列第一。

这张表所表明的重要一点是，成功的企业随着时代和环境会发生巨大的变化。在某一时期、环境中成功的企业，在其他环境中不一定能成功。另外，生存下来的企业也不一定还在从事着同一形态或同一事业。多数情况下，企业为了生存下去会改变其形态和事业内容。实际上，1950年排名前十的企业中，通过合并与收购等方式，有些企业的组织机构发生了很大的变化，也有些纺织公司变成了化妆品公司或服装公司。

（二）企业成功与失败的要因

这里有几个问题。我们该如何区分成功的企业和失败的企业呢？顺应时代和环境的变化，企业又该如何改变战略和组织结构呢？很多学者和实业家就这些问题展开了讨论。其中不断被提出来的是，企业必须适应时代和环境的变化。

为此，正确理解围绕企业的经济环境和市场机制是不可或缺的。例如，企业的业绩受经济景气的影响很大。经济景气的时候，绝大部分的企业业绩良好，反过来，经济萧条时很多企业的业绩出现恶化。在了解企业业绩的时候，对于经济景气是怎样形成的、政府是如何采取经济景气对策的、什么样的时候经济政策是有效的等问题的理解，也是不可或缺的。本书让我们掌握对于这些问题答案的思考所不可或缺的有关经济整体的知识。

企业的业绩还受很多其他各种因素的影响。如果海外贸易活跃且与进口商品的竞争激烈时，这一产业的企业业绩可能出现恶化。由于汇率的变动，竞争条件及企业业绩也会发生巨大变化。

虽然经济和市场状况会对企业业绩产生影响，但是不言而喻，对业绩造成影响最大的还是企业的战略和组织结构等企业自身的决策。企业根据经济和市场状况进行着无数的决策。是否要研发新产品，是否要进入新的市场，如何进行新产品的定价，是否要收购某一企业等，这些决策的背后有哪些理论的支撑呢？近年来，随着博弈论和信息经济学的发展，对这些决策过程可以进行系统性的思考。作为其基础知识，本书将学习企业经济学和博弈论。

二、商务与经济

（一）什么是经济学

首先，让我们思考一下"经济学是什么"。

我们有着衣、食、住、行，以及休闲、文娱活动等各种各样的欲求，并且这些欲求是无限的，可以说是没有边际的。但是，要完全满足个人（或者家庭）的无限欲求是很困难的。这是因为，为了满足欲求所能利用的"资源"（劳动、资本、土地等）是有限的。准确来说，资源可以分为使用时需要对价的"经济资源"（劳动、资本、土地等）和不需要对价的"自由资源"（空气等），以下我们把经济资源称为资源。我们的社会中，在无限的欲求与有限的资源这一框架下发生着各种"经济问题"，我们常常要直面如何更好地利用稀缺资源这一问题。

换言之,我们要直面利用有限的资源来"生产什么"以及"如何实现生产"这些问题。这就是所谓关系到**资源配置**(Resource Allocation)的问题。

另一方面,要实现生产,需要利用(投入)劳动和资本等资源,作为其对价要进行所得(薪金或资本租赁费)分配。虽然我们有无限的欲求,但是却要受到依据所分配的所得,在其范围内进行消费活动的制约。如此一来,在构筑以稀缺资源为前提的经济社会时,产生了"生产成果该如何分配以及分配给谁"这一问题。这就是所谓关系到**所得分配**(Income Distribution)的问题。

经济学可以说是以稀缺资源为前提,分析通过资源分配,生产什么、生产多少、如何生产,以及产品分配给谁、如何分配这些问题的学问。换言之,经济学是以"资源分配(投入)──→生产──→所得分配──→消费"这一整体或者这一过程为对象进行分析。

经济学的研究方法大致分为**实证经济学**和**规范经济学**。实证经济学是利用数据或统计进行注重客观性的分析,对于实际的经济行动,验证何种因果关系(函数关系)能够成立,注重于谋求其理论化(模型化)。例如,本书第二章中涉及的"需求法则"(若某一商品价格下跌,则该商品的需求量增加)及"供给法则"(若某一商品价格上涨,则该商品的供给量增加)就是根据实证分析,在验证的基础上进行模型化的。

另一方面,规范经济学是根据主观意识把"经济应该是怎样的"作为问题来分析的。例如,我们在后面要论述的,当动用有关财政及金融的经济政策时,要进行包含评价在内的从规范性视点出发的考察。只是,因为规范性分析是基于主观的,所以不能排除陷入百家争鸣的可能性。为了规避这一点,我们设定了"基准"。例如,对于上述的资源分配问题,我们通过**效率**(Efficiency)这一基准来讨论最有效利用稀缺资源的方针策略。再比如,对于所得分配的问题,我们通过**公平性**或**公正性**(Equity)这一基准来讨论在构成社会的人们之间公平地进行所得分配的方针策略。

此外,经济学按照分析对象可以分为**宏观经济学**(Macroeconomics)和**微观经济学**(Microeconomics)。前者着眼于经济整体的合计量的变动,考察一个国家的所得、雇佣量、物价等变数的动向,特别是把重点放在一个国家整体的所得形成上面,所以也称作"所得理论"。后者着眼于个人(家庭)或企业的行动以及各个市场的动向,考察价格和交易量的形成,在这里,由于格外重视价格的形成,故又称作"价格理论"。

(二)商务经济学的视点

我们的经济社会基本上是由以企业为单位的生产活动和以家庭为单位的消费活动所支撑的。并且,企业和家庭是通过商品和服务的交易场所的**市场**(Market)来行动的。在那里,企业活动的自由和消费选择的自由得到保障,大家根据各自的决策进行活动。另一方面,对于经济活动的结果,贯彻自我承担的原则。

这样,在市场上,家庭和企业可以基于利己而自由行动,家庭为提高消费的满足度而行动,企业则追求利润。另外,在自由竞争的社会,**市场机制**发挥作用,市场中供需的一致性决定了价格。假如供需出现不一致,价格就会迅速发生变化。价格的变化会对企业和家庭的行动产生影响。此外,企业和家庭的行动之间也会互相产生影响。

市场经济必须格外注重企业的行动。企业的商务活动是通过市场进行的。上述的资源分配或所得分配的主要承担者是企业。企业投入劳动或资本等资源进行生产,其结果是通过薪金等报酬对所得分配发挥其应有的作用。商务经济学承担了这样的经济的基本角色,以广泛开展的企业的经济活动及决策作为主要的考察对象。但是,在开展商务活动方面,观察企业存续的经济整体的动向也是不可或缺的。因此,商务经济学不仅要分析企业的经济活动,也要分析与其相关的整体经济。

商务活动的基础是"网络",企业在网络中进行活动。企业的生产活动会对我们的消费活动产生影响,反过来,我们的消费活动也会对企业的生产活动带来影响。同时,企业之间的情形是,某一企业的行动会影响其他企业,而其他企业的活动也会波及这一企业。在思考这样的作为网络的商务活动时,有必要把握作为其基础的经济的动向。因为经营企业是无法忽视经济的动向的。这就是商务经济学存在的理由。这些问题在经济学的领域也是微观经济学的分析对象。

虽然我们的社会以市场经济为基础,但是市场经济并不总会给我们带来期望的结果。因为,对于有效的资源分配和公平的所得分配,市场未必能够提供充足的解决策略。例如,把经济问题完全交给保障自由活动的市场时,就会出现垄断,其弊端是有可能产生价格的不合理上涨。此外,公害(这被称作"外部不经济")等问题并不能通过市场来解决,警察、消防、国防(这些被称为"公共产品")等也很难通过市场来进行交易,并且还会产生所得分配的偏向、大量的失业、通货膨胀或通货紧缩等有损物价稳定的问题。

在这种情况下,政府将积极介入市场,采取一些政策措施。例如,通过完善垄断禁止法等法律法规来排除垄断的危害,构筑使市场交易得以顺利进行的结构,由政府自己来提供警察、消防、国防等公共产品。另外,政府在通过税收及社会保障制度来谋求实现公平的收入分配的同时,还要通过财政政策及金融政策的启动来努力实现完全雇佣(消除失业)或物价的稳定。这里把以市场经济为基础,同时政府介入市场这一框架称为**混合经济体制**。

在我们的社会所实行的混合经济体制之下,政府的市场介入对企业活动带来影响,相对的,企业活动也对政府的行动产生影响。也就是说,开展商务活动时,不仅仅必须关注市场动向,也必须关注政府的行动。比如,除了上述政府的市场介入外,金融政策的利率变化也会对企业的投资行动带来影响。从这一观点出发,本书还将其作为围绕商务活动的环境之一,分析有关政府的行动及经济政策的启动。垄断、公害、公共产品属于微观经济学领域,而消除失业及物价稳定则主要属于与宏观经济学相关的领域。

从以上观点来看,商务经济学不仅限于基于微观经济学进行企业活动的经济分析,还需要通过宏观经济学的分析来考察围绕商务活动的经济整体的动向。

三、本书的主要学习内容

(一)以企业或市场为中心的分析

从第二章到第五章是以企业或市场为单位的经济分析,其经济理论称为微观经济学。

在第二章主要学习有关市场和竞争这一经济学最基础的概念。市场是商务活动(交易)场所,卖方与买方在市场上面对面进行交涉、交易。在市场上,卖方与买方之间自不待言,卖方之间以及买方之间也在进行竞争。卖方的状况称为供给,买方的状况称为需求,根据这一供需概念来分析市场的表现及政府管制的影响等。结果表明,市场竞争越充分,市场的效率就越高。供需分析是经济学的基础,不仅仅是商务人士,也是任何社会人士都需要了解的基础知识。

在第三章,我们将分析放任市场竞争却不能很好发挥其功能的情况。首先分析现实中存在的环境污染及公共产品的供给等问题的结构。然后假想买卖双方对对方都不太了解的场面。以保险市场或二手车市场等实例来进行解说。

在第四章中，比起买卖双方，更关注个人或各个企业的活动。比如，分析两个个人或者两个企业处于明确的竞争对手关系的情况下（将棋等）。这样一来，人们会在预测对方的最合理行动的同时，决定最适合自己的行动。这就是战略性分析，即博弈论的分析，是被寄予高度期望以应用于商务活动领域的内容。

在第五章中，首先阐述企业组织的结构。以作为代表性企业的股份有限公司为中心，解说企业内部经营者和所有者的关系。其次，依据现在价值来说明有关股价的决定，并且学习在传统的微观经济学中的企业形态和企业理论。最后，以这些知识为前提，思考日本企业的特征。这一章是以企业和公司为对象的内容，可以说是商务经济学的中心课题之一。

（二）以国家为单位的经济及以国际经济为中心的分析

从第六章到第九章是有关以国家为单位的经济及国际经济的分析，以国家为单位的经济理论称作宏观经济学。

在第六章中，首先根据数据概览日本经济从过去到现在的动向。学习 GDP（国内生产总值）这一宏观经济学的代表性统计数值的概念，然后在分析实际数据的同时，观察日本经济的景气（平成泡沫等）与萧条（石油危机或平成萧条等）的变迁，还要综合观察物价、失业、货币量、汇率等其他重要经济指标的动向。这或许是读者最容易理解且兴趣浓厚的内容了。

第七章首先分析宏观（一国）经济活动，导入经济循环概念，简要说明家庭、企业、政府、外国这四个经济主体的活动。然后，应用第六章学过的 GDP 概念，说明 GDP 决定理论。最后，用第二章学过的需求与供给的理论，把宏观经济的结构理解为一个大型市场的动向。

第八章的前半部分注重于宏观经济最大的决策体——政府的收入与支出。对作为国家收入来源的税收或国债等，以及作为国家支出部分的社会保障制度（包括年金、医疗）等的国家的重要活动进行解说。然后还要涉及特别会计、邮政储蓄、地方财政等这些对于将来的日本来说非常重要的各种问题。这一章的后半部分思考金融的作用。首先，对深入日常生活，其存在被认为是理所当然的金钱（货币），有意识地进行经济学上的再探讨。然后，对货币供给的结构和日本银行（中央银行）的职能进行解说。最后，详细叙述在整个金融市场中的日本银行的政策。

第九章考察分析国际经济。首先涉及的是作为国与国之间的物品交易的国际贸易，学习贸易理论的基础知识，并指出，对贸易参加国来说，归根结底，自由贸易是最理想的形态。然后，概述总结宏观（一国）国际交易的国际收支。最后，根据第二章学过的需求和供给理论和第七章学过的 GDP 决定理论，分析国际贸易的影响，进一步学习有关国际金融市场中具有代表性的外汇市场的汇率决定因素。

以前述内容为前提,第十章进行了简单的总结概括。以商务活动的成功者与失败者的问题为中心,解说贫困问题和环境问题等有关商务活动的作用及其局限性。最后,还将谈论在信息化社会中商务人员的使命。

1. 请回答有关企业竞争的以下问题:
   (1) 用最新的企业数据,制作日本企业的资产规模排行榜;
   (2) 与之前的排行榜相比较,产生变化的理由是什么?请从宏观经济方面、产业固有的要因、企业固有的要因这三个方面来进行论述。
2. 请从企业活动及企业环境来讨论商务活动与经济的关系。
3. 阅读近期有关经济的新闻报道,选取三则你所感兴趣的报道,并且针对本书将要学习的课题,概括其内容,明确其问题点。

第二章
市场与竞争

今天,以日本、美国、欧洲为首,世界上的很多国家都在采用市场经济体制,经济问题基本上都是交由市场中的自由活动来解决。企业也在市场的指导下活动。因此,本章将对"市场"的结构和功能进行思考。

首先,将论述市场和竞争形态。其次,推导出市场的需求曲线和供给曲线,明确指出由价格调整机制实现市场均衡,并由此决定市场价格和交易量。并且,将探讨需求及供给的变动给市场均衡带来的影响。

然后,对消费者剩余和生产者剩余进行说明。从这些剩余的大小来看,在完全竞争市场中会形成有效的资源配置,但在不完全竞争市场中资源配置效率较低。并且,考察政府的价格管制及征税会引起怎样的结果。

☑ 关键词

市场	完全竞争	不完全竞争	需求曲线
供给曲线	市场均衡	超额需求	超额供给
市场的价格调整机制	需求和供给的变化	弹性	经济剩余
消费者剩余	生产者剩余	资源配置的效率性	帕累托最优
价格管制	消费税		

一、市场是什么

首先,说明一下"市场"的含义及竞争形态。

(一) 市场的含义

在我们的社会中,虽说政府也起着重要的经济性作用,但是经济系统的基本终究还是在于市场经济。在市场经济下,企业和个人(消费者、劳动者)原则上都可以基于利己心,自由地进行经济活动。

"市场"这个词,在日常生活中很多时候指的是蔬菜水果市场、证券市场等这样专门买卖某种特定的商品、服务的交易场所,以及早市、自由市场等,针对各种各样的商品进行交易的特定场所。

但是,从更普遍的意义来说,所谓**市场**(Market),是指卖方和买方相遇并进行商品交易的场所。在超市买食物,乘坐火车、公交车上下班或者旅行,或者通过邮购或网络买卖衣服、汽车等,卖方与买方通过某种形式接触,进行商品交易的时候,就可以认为那里存在着市场。

像这样,所谓市场,有时是特指地理性位置的场所,有时也指不特定场所的更广大的范围。

(二) 市场的竞争形态

如表 2-1 所示,根据卖方(企业)的竞争形态,市场的竞争形态可分为完全竞争和不完全竞争。

表 2-1 市场的竞争形态

竞争的种类	企业数量	企业的价格控制力	产品	例子
完全竞争	多数	无	同质	农产品,股票
不完全竞争				
垄断竞争	多数	比较强	差别化	服装、饮食店
寡头垄断	少数	相当强	差别化 同质	家电产品,汽车 钢铁、石油
垄断	1 家	强	同质	电力、自来水管道

首先是**完全竞争市场**(Perfect Competition),是指存在着大量的小规模企业,各个企业所销售的商品是同一类型,并且所有的企业都拥有关于商品的价格、品质、市场状况等所有信息,容易进入也容易退出的市场。大米、蔬菜、水果等农产品市场,鱼类、贝类、海藻类等水产品市场,股票、外汇等市场,几乎都属于这类市场。

在完全竞争市场下,各个企业的交易量,从市场全体来看,只不过是九牛一毛,各个公司的行动不会对市场价格产生显著影响。不如说,企业都以市场价格作为基准来决定自己的生产量、销售量,是**价格接受者**(Price Taker)。

其次,不符合完全竞争条件的市场全都称为**不完全竞争市场**(Imperfect Competition)。现实中的市场,几乎都处于不完全竞争的状态。在不完全竞争下,各企业对市场价格都有着一定的控制力,可以自己决定价格,是**价格决定者**(Price Maker)。

在不完全竞争中,特别是只有一家企业的市场,称为**垄断市场**(Monopoly)。比如,规模经济性较强的电力、石油气、自来水管道等领域,作为公益事业采取垄断的形式。此外,由极少数大企业组成的市场称为**寡头垄断市场**(Oligopoly)。其中,在家电产品、汽车、电视转播等消费性产品的领域中,产品的差别化较显著,但在钢铁、石油、半导体等生产性产品的领域中,几乎看不到产品的差别化。并且,企业数量较多且规模小,在这一点上与完全竞争相似,但各个企业销售的是各有特色的产品,这样的市场称为**垄断性竞争市场**(Monopolistic Competition)。布料、杂志、饮食店、便利店、超市、补习学校等,很多领域都属于这种市场。

二、市场的需求与供给

市场是由买方和卖方所组成的。这里,我们考察市场中的买方(需求)和卖方(供给)及完全竞争市场,依次探讨这三者的概念。

(一)需求曲线

首先,我们来思考一下市场中买方的情况。这里,我们以汉堡包为例。汉堡包市场中的买方(消费者)要买进多少汉堡包,实际上会受到以汉堡包价格为代表,其他的如饭团、三明治等的价格、消费者的收入及偏好、天气状况、宣传、广告等各种各样因素的影响。消费者想要购入的数量受制于很多原因,但其中汉堡包的价格是最重要的。

表 2-2 中的第 1、2 栏,表示了汉堡包的市场**价格**(汉堡包的单价)和**需求量**(在各个价格下,买方想要购买的汉堡包的数量)之间的关系(假设)。汉堡包价格低时,需求量较大;反之,随着价格的提高,需求量则渐渐减少。这是因为,如果汉堡包的价格变高,对于相对价格较高的汉堡包,消费者就会去购买饭团、三明治等相对便宜的商品。再加上,价格上涨会使消费者的收入的实际购买力下降,因为如果要购买与以前同样数量的汉堡包,需要的资金则比以前多了,资金上就不宽裕了。

如上所述,市场价格和需求量呈反相关,这样的倾向几乎存在于所有的商品中,这称为**需求法则**。以纵轴为价格,横轴为数量,绘制出的表示这样的价格与需求量之间关系的图,就称为**需求曲线**(Demand Carve)。一般说来,需求曲线反映需求法则,如图 2-1(a)中的直线 DD 那样,以向右下倾斜的形式出现。

表 2-2 汉堡包的需求和供给表(假设)

价格(日元)	需求量(个)	供给量(个)	超额需求(＋),超额供给(－)(个)
50	600	0	＋600
100	500	100	＋400
150	400	200	＋200
200	300	300	0
250	200	400	－200
300	100	500	－400
350	0	600	－600

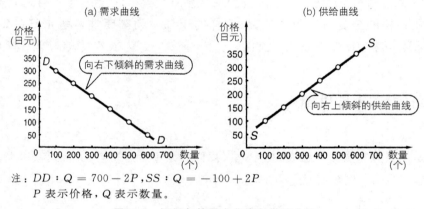

注：$DD：Q = 700 - 2P, SS：Q = -100 + 2P$
P 表示价格，Q 表示数量。

图 2-1 汉堡包的需求曲线和供给曲线

（二）供给曲线

其次，我们来看市场中卖方的情况。汉堡包市场中的卖方(企业)将要出售多少汉堡包，同样也被各种各样的因素所左右。以汉堡包的价格为首，其他的替代性食品的价格、花费在生产上的费用、生产技术的状态、天气、企业目标、政府管制等，很多因素都会带来影响。卖方将要出售的数量也依赖于各种各样的因素，但其中最重要的因素仍然是汉堡包本身的价格。

表 2-2 的第 1、3 栏中，表示了汉堡包的**市场价格**和**供给量**(在各个价格下，卖方想要出售的汉堡包的数量)之间的关系(假设)。通过这些数值，可以观察到汉堡包价格低时，供给量变少，随着价格上升，供给量就增多。其原因是价格上升，销售收入就增多，可以期待利润的增加，所以卖方就想卖出更多。

也就是说，可以看出市场价格和供给量呈正相关变动的趋势，这称为**供给法则**。图 2-1 中这样的价格与供给量之间的关系，就是**供给曲线**(Supply Curve)。一般说来，供给曲线如图 2-1(b)中的直线 SS 那样，向右上方倾斜。

三、市场均衡

根据上节中所阐述的市场需求与供给的结合,可以明确看出市场价格和交易量是怎样决定的。我们认为汉堡包市场是竞争性的,价格会往上下任一方向伸缩性变动。

(一) 市场的价格调整机制

结合刚才的表 2-2,我们来看一下将市场需求曲线 DD 与供给曲线 SS 组合起来的图 2-2。例如,如果汉堡包的价格是 100 日元的话,需求量就会比供给量多出 400 个,产生**超额需求**(供给不足)。这种情况下,买方就算出更高的价格也愿意,卖方也认为即使涨价也卖得出去。也就是处于所谓的卖方市场的状态,市场价格有上升压力,价格自然就上涨了。这样一来,需求量就会减少,而供给量增加,超额需求也就渐渐减少了。

相反,如果汉堡包的价格是 300 日元,供给量就会比需求量多出 400 个,出现超额供给(需求不足)。买方希望价格下跌,卖方

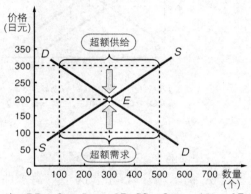

注:$DD:Q = 700 - 2P, SS:Q = -100 + 2P$

图 2-2　汉堡包市场的均衡

为了防止卖不出去也会相应降价。也就是说,此时处于买方市场的状态,市场中有一股压低价格的力量在起作用,价格自然就降低了。其结果,供给量减少,需求量增加,超额供给渐渐变少。

经过这样的调节,市场最终会稳定在需求与供给一致的地方(图 2-2 中需求曲线 DD 与供给曲线 SS 的交点 E),决定价格为 200 日元,交易量为 300 个。这样一来,卖方想要出售的数量等同于买方想要购买的数量,买卖双方都得到满足,市场价格也不再有上升或下降的压力,这种状态称为**市场均衡**(Market Equilibrium),并且把此时的价格和交易量分别称为**均衡价格**(或者**市场出清价格**)和**均衡交易量**(简称**均衡量**)。

以上所论述的,根据价格的变化,消除需求与供给的不一致,实现市场均衡的机制,就称为**市场的价格调整机制**。

(二) 需求与供给的变化

那么,我们来探讨一下当需求与供给发生变化的时候,市场的均衡价格与均衡交易量将会受到怎样的影响。

现在,在图 2-3(a)中,汉堡包市场位于需求曲线 DD 与供给曲线 SS 的交点 E 处,处

于均衡状态。比如我们假设这时发生了这样的变化：由于经济状态良好,消费者收入增加,或消费者对汉堡包变得更加偏好,或宣传、广告的效果,或与汉堡包处于竞争关系的**替代性产品**(如饭团、三明治、炸鸡等,满足同种欲求的、可能实现相互替代消费的商品)的价格上升,或汉堡包的**互补性产品**(如炸薯条、可乐等,两者结合起来消费的商品)的价格下跌等。

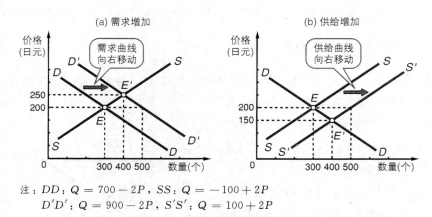

注：$DD: Q = 700 - 2P$, $SS: Q = -100 + 2P$
$D'D': Q = 900 - 2P$, $S'S': Q = 100 + 2P$

图 2-3 需求与供给的变化

当发生这样的变化时,就算汉堡包自身的价格不变,消费者也会想要增加购买量。也就是说,需求增加,汉堡包的市场需求曲线将向右移动,从 DD 移到 $D'D'$。因此,当一开始价格是 200 日元时,会产生 200 个的超额需求,价格自然会上涨。相应地,供给增加,需求得到抑制。最终,新的市场均衡在需求曲线 $D'D'$ 与供给曲线 SS 的相交点 E' 点处得以实现。结果,汉堡包的价格由 200 日元上升为 250 日元,交易量也由 300 个增加到 400 个。

相反,当汉堡包的需求减少(即在各个价格下,消费者想要购买的数量减少)时,汉堡包的需求曲线则向左移动。其结果是均衡价格下降,均衡交易量减少。

其次,假设汉堡包的制作技术得到改善,或原材料、劳动力成本下降,或与汉堡包在生产方面有着替代关系的食品价格下降,或在税收方面实行优惠措施等。这种时候,即使汉堡包价格不变,卖方也想要增加供给量。由于这样的供给增加,汉堡包的市场供给曲线会向右移动,如图 2-3(b)中所示由 SS 向 $S'S'$ 移动。

结果,一开始 200 日元的价格时,会产生 200 个的超额供给,价格自然会下降。这样,需求增加,供给减少,超额供给的程度会减小。经过这样的调节,不久新的市场均衡就会在供给曲线 $S'S'$ 与需求曲线 DD 的交点 E' 处实现。与变化前相比,汉堡包的价格由 200 日元下降到 150 日元,交易量由 300 个增加到 400 个。

相反,当汉堡包的供给减少(即在各个价格下,卖方想要出售的数量减少)时,汉堡包的供给曲线将会向左移动,上升至新的均衡价格,均衡交易量减少。

需求与供给的弹性

要更加严密地考察需求与供给对各种各样的变化会产生怎样的反应,就会使用到弹性这一概念。其实弹性的概念有很多,在此我们将介绍其中的几个。

- **需求的价格弹性**

需求的价格弹性是指需求量变动率(变化的比率)除以引起其变化的价格变动率(变化的比率)得到的值。这是表示价格变化时需求量会怎样反应的指标,可以算出当价格变化1%时,需求量会变化百分之几。例如,假设一部手机的价格由10 000日元下降到9 000日元,需求量由10万台增加为12万台。这时,因为价格的变动率是10%,需求量的变动率是20%,所以手机需求的价格弹性是2。

- **需求的收入弹性**

需求的收入弹性是指需求量的变动率除以引起其变动的收入变动率所得的值。这是表示收入变动时,需求量会怎样反应的指标,可以算出收入变动1%时,需求量会变化百分之几。例如,假设一个家庭的月平均收入由50万日元增加到55万日元,在餐厅吃饭的次数由每月5次增加到7次。这时,因为收入变动率为10%,需求量变动率为40%,所以对于餐厅的需求的收入弹性是4。

- **供给的价格弹性**

供给的价格弹性是指供给量变动率除以引起其变化的价格变动率所得的值。这是表示价格变动时供给量如何反应的指标,可以算出价格变动1%时,供给量会变动百分之几。例如,假设一根莴苣的价格由100日元上升到120日元,供给量由200个增加到220个。这时,价格变动率是20%,供给量变动率是10%,莴苣的供给价格弹性是0.5。

四、消费者剩余与生产者剩余

实际上,市场上一直都在自发地进行着交换、买卖等交易。这是因为对于交易双方而言都是有利可图的。这种市场交易中所产生的利益,广泛而言可称为**经济剩余**。

(一)消费者剩余

首先,我们先来考虑一下市场交易中买方所产生的利益。假设现在有4个橙子的买方,每人都想购入一个橙子。不过,A 能接受的一个橙子的最高价格是 250 日元,B 是 200 日元,C 是 150 日元,D 是 50 日元。这时,如图 2-4(a)所示,如果橙子的价格为 100 日元,A、B、C 三人将会每人购入一个橙子。而橙子的价格比 D 能接受的最高价格要高,所以 D 不买。

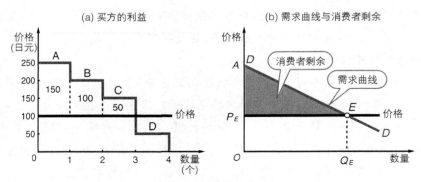

图 2-4　消费者剩余的测算

结果,A 本来是打算支付 250 日元的,实际上却只花了 100 日元,所以说他获得了 150 日元的利益。同样,B 得到 100 日元,C 得到 50 日元的利益。这样一来,对于买方全体而言,就一共产生了 300 日元的利益。我们把这样的通过市场交易买方所产生的利益称为**消费者剩余**(Consumer's Surplus)。这是对于某样商品,消费者愿意支付的最高价格与实际支付的金额之差。

在图 2-4(b)中,平滑的向右下倾斜的直线,表示橙子的市场需求曲线 DD。当价格是 P_E 时,消费者购入橙子的量为 Q_E。如本章第二节中所说明的那样,需求曲线一般表示的是在各个价格水平下,会有多少的需求量。但是,如果反过来解释,也可以表示消费者对于一个橙子最多愿意支付多少钱,即表示消费者的**边际价值**的大小。

这样一来,需求曲线 DD 下的面积 $OAEQ_E$ 表示的就是消费者为了得到 Q_E 数量的橙子而愿意支付的最高金额。并且,消费者为了得到 Q_E 数量的橙子而实际支付的金额,是市场价格 P_E 乘以购买量 Q_E,所以就是四边形 OP_EEQ_E 的面积大小。

因此,消费者剩余就是面积 $OAEQ_E$ 与面积 OP_EEQ_E 之差,也就是等于阴影部分(三角形 AEP_E)的面积。换言之,需求曲线 DD 以下,价格 P_E 高度的水平线以上的部分,就表示了消费者剩余的大小。

(二) 生产者剩余

接下来,我们将对市场交易中卖方所发生的利益进行说明。假设现在有 4 家葡萄酒酿造企业,每个公司都想卖出一瓶葡萄酒。不过,企业 A、B、C、D 各自生产一瓶葡萄酒所需要的成本(供给时的最低价格)分别为 500 日元、1 000 日元、1 500 日元、2 500 日元。这时,如图 2-5(a)所示,如果葡萄酒的价格是 2 000 日元的话,价格高于成本的 A、B、C 三家

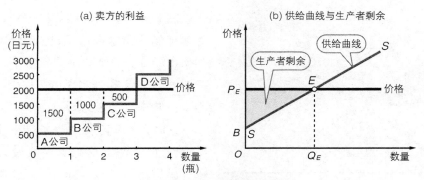

图 2-5　生产者剩余的测算

公司就会分别卖出一瓶葡萄酒。

结果，A 公司本来打算只要价格高于 500 日元就卖，实际上卖了 2 000 日元，可以说得到了 1 500 日元的利益。同样，B 公司得到 1 000 日元，C 公司得到 500 日元的利益。对于卖方整体而言，一共产生了 3 000 日元的利益。我们把这样的通过市场交易卖方所产生的利益称为**生产者剩余**（Producer's Surplus）。这是企业供给某样商品时实际收取的价格与生产、供给这一商品必须收取的最低价格之差。

在图 2-5(b)中，平滑的向右上倾斜的直线，表示葡萄酒的市场供给曲线 SS。当价格是 P_E 时，酿造企业供给葡萄酒的量为 Q_E。供给曲线一般表示在各个价格水平下，会有多少的供给量。如果反过来看，也可以表示企业提供各种商品愿意接受的最小支付额，即表示企业的**边际成本**（每一单位新增生产的产品所需要花费的成本的增量）。

这时，供给曲线 SS 下的面积 $OBEQ_E$ 表示的就是企业酿造 Q_E 数量的葡萄酒时希望必须可以回收的成本部分。并且，企业的总收入就是市场价格 P_E 乘以供给量 Q_E，所以等于四边形 OP_EEQ_E 的面积大小。

因此，生产者剩余就是面积 OP_EEQ_E 与面积 $OBEQ_E$ 之差，也就是等于阴影部分（三角形 BEP_E）的面积。换言之，供给曲线 SS 以上，价格 P_E 水平高度的水平线以下的部分，就表示了生产者剩余的大小。

五、市场的效率

我们用上一节中说明过的消费者剩余与生产者剩余的概念，来探讨一下市场的竞争形态对资源配置的效率（有效利用稀少经济资源）有着怎样的意义。

（一）完全竞争市场的效率

首先，我们来看一下在完全竞争下的市场均衡（简称竞争均衡）中，经济剩余的大小会是怎样。

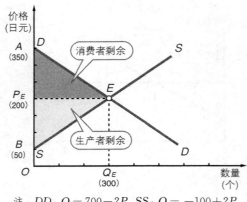

图 2-6 完全竞争市场和经济剩余

注：$DD: Q=700-2P, SS: Q=-100+2P$

图 2-6 与之前的图 2-2 一样，表示了汉堡包市场的需求曲线 DD 与供给曲线 SS。如果市场处于完全竞争的状态下，将会在两条曲线的交点 E 处实现市场均衡，均衡价格为 P_E，均衡交易量为 Q_E。

这时，消费者剩余是消费者为了得到 Q_E 数量的产品而愿意支付的最大金额（面积 $OAEQ_E$），与实际支付金额（面积 OP_EEQ_E）之差，即可以用阴影部分（三角形 AEP_E）表示。

另一方面，生产者剩余就是企业提供 Q_E 数量的产品所获得的总收入（面积 OP_EEQ_E）与必须回收的成本（面积 $OBEQ_E$）之差，即阴影部分（三角形 BEP_E）。

结果，市场整体的**总剩余**（消费者剩余与生产者剩余的总和）就是三角形 ABE 的面积大小。换言之，竞争均衡的经济剩余可以用到达市场均衡点 E 的需求曲线 DD 和供给曲线 SS 所围起来的部分来表示。

用图 2-6 中的数值来计算，消费者剩余为 $(350-200)\times300\div2=22\,500$（日元），生产者剩余为 $(200-50)\times300\div2=22\,500$（日元）。所以，完全竞争市场的总剩余为 $(350-50)\times300\div2=45\,000$（日元）（当然，也可以用消费者剩余与生产者剩余求和）。

这样，在完全竞争下，市场均衡点 E 时的交易，会为社会带来三角形 ABE 大小的经济剩余。并且，市场交易量不管比完全竞争下的均衡量 Q_E 多或少，经济剩余都一定会比三角形 ABE 的面积小（这一点在后文中会详细说明）。因此，可以说"在完全竞争下的市场均衡中，经济剩余实现最大化，在这个意义上，完全竞争市场下实现了有效的资源配置"。

（二）不完全竞争市场的低效率

那么，如果汉堡包市场处于不完全竞争的状态，价格、交易量、经济剩余会是怎样呢？

不完全竞争下的企业，对市场价格具有一定的控制力，一般会通过限制供给量抬高价格的方式，谋取利润最大化。其结果如图 2-7 所示，市场交易量 Q_1 少于完全竞争下的均衡量 Q_E，价格水平 P_1 则高于均衡价格 P_E。

交易量位于 Q_1 时，**需求价格**（买方愿意支付的最高价格，表示买方的边际价值）是 C 点的高度，**供给价格**（卖方必须回收的金额，表示卖方的边际成本）是 F 点的高度，需求价格高于供给价格。这时，如果再增加交易量，两者的差额可以增加经济剩余。也就是说，如果使交易量从 Q_1 增加到 Q_E，经济剩余会增加三角形 CEF 那样的大小。

最终，汉堡包市场处于不完全竞争时，与完全竞争相比，经济剩余三角形 CEF 的面积较小。在这个意义上,可以说"不完全竞争市场下,资源配置是低效的"。

让我们更进一步基于图 2-7,具体显示不完全竞争情况下的经济剩余。当汉堡包市场的供给量为 Q_1 时,价格是 P_1,所以消费者为了得到 Q_1 数量的汉堡包愿意支付的最高价格为四边形 $OACQ_1$ 的面积大小,而实际支付的金额用四边形 OP_1CQ_1 的面积来表示。因此,消费者剩余即两者之差,缩小为阴影部分(三角形 ACP_1)。计算出消费者剩余为 $(350-250)×200÷2=10\ 000$(日元)。

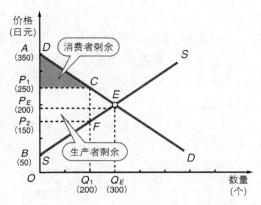

注:$DD: Q=700-2P, SS: Q=-100+2P$

图 2-7 不完全竞争市场和经济剩余

另一方面,卖方提供 Q_1 数量的汉堡包时得到的收入为四边形 OP_1CQ_1 的面积大小,而应该回收的最低金额用四边形 $OBFQ_1$ 的面积表示。所以,生产者剩余即两者之差,扩大为阴影部分(四边形 $BFCP_1$)。生产者剩余即这个梯形的面积,为 $(100+200)×200÷2=30\ 000$(日元)。

结果,总剩余为消费者剩余与生产者剩余之和,等于梯形 $ABFC$ 的面积,为 4 万日元。我们可以发现在不完全竞争市场中,与完全竞争市场相比,消费者剩余减少,生产者剩余增加,总剩余减少。

效率的基准:帕累托最优

本专栏着眼于经济剩余的大小,探讨效率的问题,更普遍地说,作为判断效率的基准,使用了**帕累托最优**(Pareto Optimum)这一概念。所谓帕累托最优,是指"无论怎样改变产品与生产要素的分配,在不使其他社会成员境况变坏的情况下,任何个人的境况都不可能得到改善的状态"。

比如,图 2-6 中完全竞争市场均衡(E 点)时,买方与卖方的经济剩余总和实现最大化。所以,买卖双方的经济剩余都无法再增加,也不可能一方的剩余不变,另一方剩余增加。因为已经处于在不牺牲其他人的情况下,任何一个人的境况都不可能更好的状态,所以完全竞争市场的均衡就是帕累托最优状态。

与此相对,图 2-7 中市场处于不完全竞争状态,交易量比完全竞争下的均衡量要少,总剩余还有增加的空间。这时,有可能使买卖双方,或者至少是其中一方的经济剩余增加。这样的状态不是帕累托最优状态,并没有实现有效的资源配置。

> 不过，帕累托最优这一基准，只不过是从资源配置的效率来判断资源配置是否处于符合社会希望的状态，并没有考虑到收入分配的公正性。极端地说，某个特定的个人拥有全部社会财产，只要他不是真正的利他主义者，这一状态就是帕累托最优状态。
>
> 因此，要判断分配的公正性，就需要别的基准。不过，关于公正到底是什么这一点，其实见仁见智，如平均分配、按劳分配、按需分配、改善社会最底层人们的状况等，很难找到一个统一且公正的标准。

六、政府的价格管制与征税

到这里为止，我们一直都没有考虑政府的因素，认为市场价格是由需求与供给的状态来决定的。但是，接下来要探讨一下当政府对市场交易价格进行管制，或者征收消费税时，到底会产生怎样的结果。

（一）价格上限的管制

有时，政府会认为由市场决定的价格过高，对价格上限进行法律规定，规定必须以上限价格以下的价格进行交易。为了稳定物价而进行的薪酬、价格的管制，公共事业收费的管制，非常时期的物价统管等，都属于政府的价格管制。

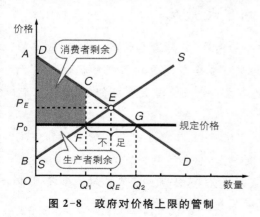

图 2-8 政府对价格上限的管制

假设图 2-8 表示了汽油的市场需求曲线 DD 与市场供给曲线 SS。在竞争性市场中，需求与供给在 E 点实现一致，均衡价格是 P_E，均衡交易量是 Q_E。但是，政府为了控制汽油价格，将市场交易价格的上限（最高水平）限制在 P_0 的水平上。

这样的管制价格低于市场均衡价格 P_E，所以买方会增加需求量至 Q_2，而卖方则会减少供给量至 Q_1。因此，市场上就会产生 Q_2-Q_1 的超额需求，导致汽油短缺的状态。结果，很多人买不到自己想要的汽油数量。这样也许就会需要实施配给制度。另外，黑市中也有可能出现不法交易的横行。

在上述的价格管制之下，市场交易量 Q_1 会低于均衡交易量 Q_E。因此，卖方的生产者剩余就会缩小为阴影部分（三角形 BFP_0）。而买方为了得到 Q_1 数量的汽油而愿意支付的最高金额是四边形 $OACQ_1$ 的面积,实际支付金额是四边形 OP_0FQ_1 的面积,所以消费者剩余为阴影部分($ACFP_0$),那么,总剩余就是梯形 $ABFC$ 的面积。

因此,与没有政府价格管制的竞争均衡状态(E 点)相比,经济剩余减少了三角形 CEF 的面积部分。我们发现价格管制会阻碍有效的资源配置的实现。

政府对市场价格的管制,预期的政策目的另当别论,但在资源配置与收入分配方面,容易引起各种问题。

(二)消费税的影响

现在我们来探讨当政府对电脑的销售(购买)征收消费税时,会产生怎样的结果。

图 2-9 中的直线 DD 与 SS,分别表示电脑的市场需求曲线与市场供给曲线。只要市场是竞争性的,当需求与供给在 E 点一致时,均衡价格为 P_E,均衡交易量为 Q_E。假设这时政府决定对卖方每售出一台电脑征收 T 日元的消费税。

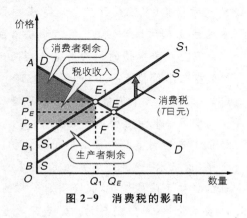

图 2-9 消费税的影响

买方不用直接缴纳税金,所以电脑价格与需求量之间的关系没有发生变化,市场需求曲线 DD 与征税前一样。但是,对卖方而言,每台电脑有 T 日元的消费税,额外增加了成本。因此,有必要在本来的销售价格上追加消费税的部分。所以,市场供给曲线向上移动了消费税的部分,由 SS 移动到 S_1S_1。市场均衡随之从 E 点变到 E_1 点,电脑价格从 P_E 上升到 P_1,交易量从 Q_E 减少到 Q_1。

这时,比起征税前,买方每买一台电脑就要多支付 P_1-P_E。也就是说一部分消费税被转嫁给了买方。另一方面,由于卖方以 P_1 的价格售出一台电脑就需要向政府缴纳消费税 T,所以卖方实际收入为 P_2。卖方实际上也负担了 P_E-P_2 的消费税。

如上所述,当政府征收消费税时,由于市场的价格调节机制,一般来说,价格会上升,交易量会减少。并且,结果不仅仅是直接纳税人的卖方,买方也要负担一部分消费税。

由于消费税的原因,电脑价格上升,交易量减少,所以消费者剩余缩小为阴影部分(三角形 AE_1P_1)。而卖方卖一台电脑所得到的实际收入为 P_2,所以生产者剩余用阴影部分(三角形 BFP_2)表示。并且,政府会产生税收收入这一利益。政府的税收收入是每台电脑的消费税乘以销售量,即阴影部分(四边形 $P_1E_1FP_2$)。

市场整体的经济剩余是消费者剩余、生产者剩余及税收收入的总和,所以用梯形 $ABFE_1$ 的面积表示。与没有消费税的竞争均衡状态(E 点)相比,总剩余减少了三角形 EE_1F 的面积部分。可以看出,当政府对电脑征收消费税时,市场交易量减少,损害了市场的效率。

1. 请说明必需品(主食、日用杂货、家用电、煤等)与非必需品(高级名牌商品、海外旅行、娱乐等)的需求曲线和需求弹性有什么特征。
2. 请思考固定供给(土地、天然资源、农产品等)和可变供给(多数工业产品、计时工劳动力的供给等)的供给曲线与供给价格弹性分别是怎样的。
3. 请举出不符合需求法则与供给法则的例子。
4. P 表示价格(单位是万日元),Q 表示数量(单位是万台)。假设 DVD 播放器的市场需求曲线为 $Q=100-10P$,且市场供给曲线为 $Q=-40+10P$,请回答以下问题:
   (1) 完全竞争市场的均衡价格与均衡交易量是多少?
   (2) 在各个价格水平下,如果增加 100 万台的需求,均衡价格与均衡交易量将是多少?
   (3) 相反,在各个价格水平下,如果增加 60 万台供给,与(1)相比,均衡价格与均衡交易量将会发生怎样的变化?
5. 最低工资的制定及农产品的价格保护,是政府认为由市场决定的价格过低,对交易价格下限(最低水平)进行法律规定,要求必须以高于价格下限的价格进行交易。请说明这样的价格下限的规定,将会引起怎样的结果。
6. P 表示价格(单位是日元),Q 表示数量(单位是万箱)。假设冰淇淋的市场需求曲线为 $Q=360-2P$,且市场供给曲线为 $Q=-40+2P$,请回答以下问题:
   (1) 完全竞争市场的均衡价格和均衡交易量分别是多少?这时的消费者剩余、生产者剩余、总剩余分别是多少?
   (2) 如果政府对卖方征收每箱冰淇淋 20 日元的消费税,那么市场价格和交易量,以及消费者剩余、生产者剩余、政府税收、总剩余分别是多少?

第三章
市场失灵

> 作为企业活动场所的市场，如果处于完全竞争的状态下，就会实现有效的（帕累托最优）资源配置。但是在前一章节中我们已经知道，当市场处于不完全竞争的状态时，或政府限制市场价格或对商品的销售（购买）征税时，市场的价格调节机制就不能充分发挥作用，导致资源配置的低效。
>
> 并且，就算市场处于完全竞争的状态，市场的能力也是有限的，有时也会无法实现有效的资源配置。一般把这种情况称为**市场失灵**（Market Failure）。引起市场失灵的主要原因，主要有外部性、公共产品、不完全信息、自然垄断等。在这些情况下，为了达到有效的资源配置，反而希望政府的市场干预。
>
> 在此，我们将关注类似这样的"市场失灵"问题，考察为什么会产生市场失灵，有什么解决方法。

☑ **关键词**

外部性	外部不经济	外部经济	外部成本
社会成本	科斯定理	庇古税	公共产品
搭便车	公共资源	信息的不对称性	逆向选择
发信号	自主选择	道德风险	监督
代理关系	自然垄断		

一、外部性

首先,我们先来看"外部性"的问题,它是在只靠市场力量的情况下,无法实现有效资源配置的"市场失灵"的代表性例子。

(一) 外部不经济与外部经济

到现在为止,我们一直暗自假定,企业及消费者个体的活动不会给当事人以外的第三者造成直接影响。可是,某个人抽烟,周围的人会因为烟雾和烟味而不愉快。或者,大型折扣店里顾客蜂拥而至,周围的居民遭受着交通拥堵、噪声等巨大困扰。但是,那个抽烟的人和大型折扣店都不会给周围的人支付补偿费。

像这样,有时企业的生产活动及个人家庭的消费活动会不通过市场交易,直接且无偿地对其他经济主体(决策个体)造成影响。这种情况就称为**外部性**(Externality)或**外部效果**(External Effect)。

大气污染,河流、湖泊、海水的污染,噪声、恶臭,地面下沉等,这些主要由企业的生产活动引起的各种各样的环境污染(公害)都是外部性的典型例子。此外,还有全球气候变暖现象,交通及通勤的拥堵,自然及绿地的破坏,矿物资源、渔业资源、珍稀动植物的乱采滥捕等。像这样,企业及个人的活动对第三者造成不利影响时,就会产生**负外部性**或**外部不经济**(External Diseconomy)。

相反,有时企业及个人活动也会对第三者产生有利影响。例如,技术革新的外部影响,伴随着铁路、道路等设施建设而带来的周边地区的开发利益,植树造林的治水和大气净化作用,教育的社会性效果,通过绿化、花坛的美化等而带来的生活环境的改善等。这时可以看到**正外部性**或**外部经济**(External Economy)。

(二) 外部性造成的市场失灵

我们来关注一下生产活动中产生的"外部不经济"的例子,探讨一下当存在外部性时,资源配置是怎样的状态。

图 3-1 表示了半导体市场的需求曲线 DD 与供给曲线 SS,这个市场处于完全竞争的状态。需求曲线表示买方每追加一个单位的半导体所愿意支付的价格(边际价值),供给曲线表示提供半导体的各个企业必须要回收的金额(边际成本),即表示企业直接负担的**私人成本**。

如果在半导体制造过程中,排出污水和有害物质,那么会导致地区环境恶化,危害居民健康,给第三者造成实质性的损害。这个给第三者造成的损害就称为**外部成本**。因此,供给半导体所花费的总成本,是企业直接花费的私人成本与对第三者造成的外部成本之和,称为**社会成本**。现在,假设每个单位的半导体会产生 C 日元的外部成本,那么,社会成本曲线就是市场供给曲线 SS 向上移动 C 日元后的直线 S_1S_1。

根据以上条件,社会所希望的半导体生产量则为需求曲线 DD 与社会成本曲线 S_1S_1 的交点 E_1 点,为 Q_1 水平。这是因为在 E_1 点时,买方的边际价值与社会边际成本一致,市场整体的经济剩余等于阴影部分(三角形 AB_1E_1),实现了最大化。在这个意义上,在 E_1 点时,实现了有效的(帕累托最优)资源配置。

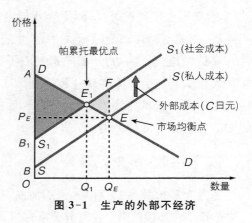

图 3-1 生产的外部不经济

然而,市场经济下,环境资源是公共的,并不是市场交易的对象,价格不成立。因此,企业无偿地过度使用环境,对第三者产生了损害,却没有经济性诱因让企业去主动承担这一损害。也就是说,企业不考虑外部成本,只把私人成本计入考虑范围。

因此,完全竞争下的市场均衡在需求曲线 DD 与私人成本曲线 SS 的交点 E 点处成立,生产量为 Q_E 水平。社会成本比价格 P_E 多出 1 个单位的外部成本 EF,从社会整体来看,属于**生产过剩**。

这时,消费者剩余用三角形 AEP_E 的面积,生产者剩余用三角形 BEP_E 的面积来表示。但是,外部成本只是四边形 BB_1FE 的面积大小。因此,市场整体的总剩余为消费者剩余与生产者剩余之和,再减去外部成本之差,即阴影部分(三角形 AB_1E_1)减去阴影部分(三角形 EE_1F)剩下的大小。市场均衡点 E 时的经济剩余与帕累托最优点 E_1 相比,少了阴影三角形 EE_1F 部分,市场没有实现有效的资源配置。

二、外部性的解决方法

由生产的外部不经济而引起的市场失灵,该怎样解决?在此,我们将思考"当事人的解决方法"(整合与协商),以及"政府的政策措施"(环境管制、庇古税和补贴)。重点在于,产生外部不经济的企业将外部成本纳入自己的成本中(**外部成本的内部化**)。

(一)整合

有时有利害关系的当事人双方通过**整合**(或者**合并**)的方式,使外部性内部化,消除市场失灵。

比如,假设环境污染企业 A 将为当地作贡献作为最优先的课题,将发展方针改变为与当地紧密联系的企业。同时,很多当地居民都喜欢企业 A 的产品,并且希望可以在企业 A 的工厂工作。这时,实际上企业与当地居民间就实现了整合化。生产所带来的外部不经济,变成了同伴遭受的损失,所以企业在进行生产活动时会将这点考虑进去。

其结果是,整合前的外部成本变成了企业私人成本的一部分,外部成本被内部化了,即私人成本与社会成本实现一致。在图 3-1 中,整合前的社会成本曲线 S_1S_1 也就表示了整合后的私人成本曲线。因此,在整合后的市场均衡(E_1 点),生产量被控制在有效水平的 Q_1 处,消除了市场失灵。

(二)协商:科斯定理

通过有利害关系的当事人间的协商,也可以解决外部性带来的问题。

假设现在环境污染企业与遭受损失的居民们一起坐在谈判桌上。不过条件是,协商所花费的交易费用为零(或者说,少到可以忽略),且关于环境资源使用的权利关系已被明确规定。

首先,如果环境使用权在当地居民一方,那么,企业在生产活动的同时使用环境资源,就要对居民进行补偿。如果每追加生产 1 单位的产品,会产生 C 日元的外部成本,那么,企业至少需要向居民支付 C 日元的补偿金。对企业而言,只要生产活动所带来的利润增加(买方的边际价值与企业的边际成本之差)大于给居民补偿的增加部分,扩大生产就是有利的。

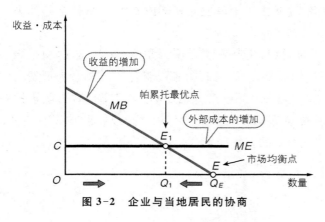

图 3-2 企业与当地居民的协商

在图 3-2(将图 3-1 以私人成本曲线 SS 为基准重画的图)中,最终,生产活动所带来的利润的增加部分,减去补偿金的增加部分后为零,也就是说,边际利润(MB)=边际外部成本(ME)的关系成立,处于帕累托最优点 E_1 处,企业与居民协商成功。这样,外部成本以支付补偿金的形式被内部化,生产量达到有效水平的 Q_1。

相反,当环境使用权在企业一方时,居民为了要求企业将生产活动从处于市场均衡点 E 时的水平 Q_E 降下来,向企业支付补偿金。这时,企业每减少 1 单位的生产量,外部成本就减少 C 日元,所以居民至少要向企业支付 C 日元的补偿金。对企业而言,只要收取的补偿金超过抑制生产所造成的利润减少部分,减产就是有利的。最终,协商也在 E_1 点的生产量 Q_1 处得到解决。

像这样,不管环境使用权在当地居民或企业的任一方,只要不产生协商费用,通过当事人之间的协商就能实现有效的资源配置。这称为**科斯定理**(Coase Theorem)。

(三)环境管制

上述的当事人之间的整合与协商,实际上需要花费大量的时间与金钱。而且,有些人想要通过软磨硬泡来占便宜,或者想要逃避责任,很难达成共识。一般而言,针对外部性问题,需要政府采取一些措施。

很多时候,政府会对废水、煤烟、废气等的排放制定相关标准。环境污染企业为了达到排放标准,安装工厂废液净化装置,致力于煤烟、废气减排技术的改进,有时甚至会抑制生产活动。这时,环境污染企业不仅要负担自己的生产活动中所花费的私人成本,还要负担为了减排所花费的追加成本。因此,通过排放标准这样的环境管制,也起到了将外部成本内部化的作用,对解决外部性很有效。

不过,无论是减排费用高的企业还是减排费用低的企业,全都一律适用相同的排放标准,这从社会性成本最小化的观点来看,并不能说是一项高效的政策措施。而且,通过排放标准进行管制时,对于环境污染企业而言,并没有经济性诱因使其减排到排放标准以下。

(四) 庇古税与补贴

政府可以向产生外部不经济的企业征收外部成本部分的税收。为了补正外部不经济的影响而征收的税收,一般称为庇古税(Pigouvian Taxes)。环境税、碳税等都属于庇古税,这是根据公害问题中的谁污染谁治理原则而制定的政策。

图 3-3 中(与上节中的图 3-1 相同),政府对企业每生产 1 单位半导体而产生的 C 日元外部成本部分征税。这样一来,包含了税金的企业私人成本便等于社会成本。也就是说,课征庇古税后,企业生产的费用变成私人成本与税金(外部成本部分)的总和,外部成本内部化了。所以,完全竞争市场的均衡由征税前的 E 点移动到需求曲线 DD 与表示私人成本=社会成本的直线 S_1S_1 的交点 E_1 处。因此,生产量由一开始的 Q_E 减少为 Q_1,实现了有效的资源配置,市场失灵得以解决。

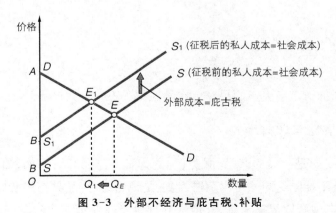

图 3-3 外部不经济与庇古税、补贴

与庇古税相反,政府也有可能对产生外部不经济的企业发放补贴。假设现在环境污染企业将生产量由图 3-3 中的 Q_E 每减少 1 单位,政府就给予 C 日元的补贴。这时,由于企业每生产 1 单位的半导体,就会损失 C 日元的补贴,所以补贴就成了生产活动所带来的

"机会成本"。结果,企业的私人成本就由供给曲线 SS 向上移动 C 日元补贴部分后的直线 S_1S_1 来表示。市场均衡与课征庇古税时一样在 E_1 点处得以成立,实现了有效的生产水平 Q_1。

排放权交易

环境是共有的资源,没有确立所有权。因此,环境资源不成为市场交易的对象,不存在价格,所以会被无偿地过度使用。为此,在政府主导下,开发出环境利用权的市场,在利用环境资源时,需要支付一定价格,这样的机制也是解决环境问题的一种方法。

其实,作为防止全球气候变暖的一项措施,为了减排温室气体,针对二氧化碳(CO_2)等的**排放权**进行交易的市场已经创立且开始运营了。首先由政府制定出各产业、各企业的 CO_2 的排放标准,之后排放量削减到标准值以下的企业将获得削减量相应的排放权(污染许可证)。

这种排放权在交易市场中可以自由买卖。因此,能以低成本减排 CO_2 的企业就会尽量多获取一些排放权进行出售。相反,减排 CO_2 成本较高且无法达成减排目标的企业购买排放权就可以了。

像这样,利用市场机制进行排放权交易,使减排 CO_2 的经济性诱因发挥作用,从全社会来看可以以最少的成本实现减排。

三、公共产品

下面,我们来探讨市场失灵的另一个代表性例子——公共产品。

(一) 非竞争性与非排他性

当市场中交易的是一般的产品、服务(称之为私人产品)时,比如,如果一个人正在吃比萨饼,其他人就不能吃这同一个比萨饼,也就是说,私人产品具有消费的**竞争性**。但是,如果一个人在看电视获取气象信息,其他人同样也可以获取这个气象信息。很多人可以共同利用同样的气象信息,使用者之间看不到竞争关系。这种产品的性质就称为消费的非竞争性。

此外,私人产品的消费是以等价支付为前提的,没有支付比萨饼价款的人,就被从这一消费中排除了。也就是说,私人产品的消费具有排他性。但是,国防、司法、警察、消防、气象信息及一般道路、路灯、桥梁、灯塔、公园等服务,很多人可以同时受益,很难区分并排除出没有付费的人。像这样,就算是没有等价支付的人,也不会从这一产品的消费中被排除的情况,称为**消费的非排他性**。

具有上述的消费的非竞争性和非排他性两种性质的产品称为**公共产品**(Public Goods),社会中的每个个体都同样可以消费这种产品,就算不支付对价也可以使用。

(二) 搭便车问题

因为公共产品具有非竞争性和非排他性,就算自己不支付代价,也不会从该消费中被排除,并且还是可以和承担费用的人一样进行消费。

比如,假设为了维持地区治安,在当地居民参加的会议上,确定了配备相关保安人员、增设路灯、设置监控摄像头等的方针。不过,这些费用全都靠当地居民的自发性捐款来筹措。这种情况下,有人认为自己的安全可以靠自己保证,就拒绝捐款,但他也和捐了款的人一样,同样可以从当地的良好治安中获益。

因此,越来越多的人不想承担维持地区治安的费用,只想享受良好治安的成果,这就容易产生在别人承担费用后自己无偿利用公共产品这样的**搭便车**(Free Ride)问题。

总之,在公共产品的部分,作为市场经济的基本要件的**受益者负担原则**(各人根据自己的受益情况负担一定费用)是不成立的。因此,每个人都想搭便车,所以民间企业很难在市场上提供公共产品。就算提供了,也会生产过少,无法实现有效的资源配置。

然而,也可以认为公共产品是正外部性的一个特殊例子。在上个案例中,没有承担维持地区治安费用的人,由于消费的外部经济,也可以和承担了费用的人一样,享受到良好安全的成果。但是,维持治安的对策水平,是不考虑消费的外部经济的,而是由实际收集到的捐款金额来决定,所以从地区整体范围来看,还是低于最优安全水平。

四、公共产品的供给

我们在上节说明的基础上,来探讨一下什么时候才能实现公共产品的最优供给,并且为什么在公共产品的最优供给上市场会失灵,政府能否供给最适量的公共产品等问题。

(一) 公共产品的最优供给量

我们简单假设社会是由两个消费者(A、B)组成的。图3-4中的直线SS是公共产品(比如公园)的市场供给曲线,表示了提供公共产品时所产生的边际成本。直线D_A和D_B分别是消费者A、B的需求曲线,表示各人对公园追加1单位愿意支付的价格(边际价值)。

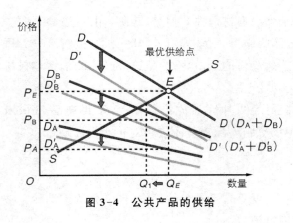

图 3-4 公共产品的供给

因为所有人都能消费同样数量的公共产品,所以数量对每个人而言是共同的变量。因此,公园的各种水平下消费者 A、B 愿意支付的价格总和,也就是把直线 D_A 和 D_B 垂直相加,就能得到表示公园的社会性边际价值的市场需求曲线 DD。

这时,在市场需求曲线 DD 与供给曲线 SS 的交点 E 处,经济剩余最大。因此,公园的最优供给量为与 E 点相对应的 Q_E 规模。在这一点上,公园的社会性边际成本和边际价值一致,且社会性边际价值 P_E 是消费者 A、B 的边际价值 P_A、P_B 之和,所以,以下关系成立:

社会性边际成本＝社会性边际价值＝消费者 A 的边际价值＋消费者 B 的边际价值

这是**公共产品的最优供给条件**。当以上条件成立时,公共产品市场就会实现有效的资源配置。

(二) 市场失灵与政府供给

假设在市场经济下,如果消费者 A、B 要使用公共产品,就需要缴纳一定费用。这时,各人对公共产品使用的边际价值则是各自支付的价格。在图 3-4 中,如果消费者 A、B 分别对每单位支付 P_A、P_B 的价格,对公园支付的总金额就是 P_E。结果,社会性成本与价值一致这一公共产品的最优供给条件成立,最优供给量 Q_E 得以提供。

但是,在现实中公共产品是有可能搭便车的。根据自己设定的价格,如果公共产品的承担费用上涨,渐渐地,谁也不会诚实地表明自己的喜好,而会过少地表明自己的喜好。因此,实际表明的公共产品的边际价值将会少得多,各人的需求曲线以及市场需求曲线都会分别向下移为 $D_A D'_A$、$D_B D'_B$、DD'。因此,公共产品的实际供给量 Q_1 少于最优水平 Q_E,市场没有实现公共产品的最优供给。

如上所述,使用市场价格机制,供给最适量的公共产品是很困难的。最终,公共产品只好采取由政府供给的形式,提供的产品种类及规模都交给中央政府、地方政府来判断、决定。费用也通过一般税收、发行公债等形式筹措。

政府在提供公共产品时,比较、讨论**费用与益处**,决定供给的种类和数量。比如,在建设机场时,首先需要推算建造、维持机场的费用。是建成国内航班专用的机场,还是建成大型客机也能起降的国际机场,费用上有很大差别。其次,需要推算出建设机场所带来的益处。不过,赞成机场建设的人和通过机场建设可以得到利益的企业往往容易夸大益处,相反,质疑机场建设的人们的评价又过于保守。此外,政府还必须筹措预算以确保财源。

出于这些原因,对于政府而言,实现公共产品的最优供给也是非常困难的。

共 有 资 源

　　环境、美丽的自然景观、洁净的空气和水、野生动植物、共有地等,与公共产品一样,谁都可以使用,没有排他性。但是,一个人使用了,其他人能使用的数量就会减少,质量就会下降,所以在消费上具有竞争性。像这样具有非排他性和竞争性的产品就称为**共有资源**(Common Resource)。

　　共有资源容易发生一个可称之为"**公地悲剧**"的著名问题。假设现在某个城市里有一块共有草地,所有的居民都可以自由地在那里放羊。只要与羊的数量相比,牧草远远足够,在这块共有土地的使用上就不会产生竞争性,土地的共享就能良好地发挥作用。但是,随着城市中人口的增加,各人想要谋求更大的利益,也要增加羊的数量,羊就渐渐变多了。这样一来,牧草渐渐不够用了,草地持续退化,最终变成了不毛之地。

　　这样的悲剧在共有资源上很常见。因为当有人使用共有资源时,其他人能享受的数量就会减少,所以其实这时就产生了负外部性(外部不经济)。但是,由于各人都忽视了这个负外部性而继续各行其是,最终导致过度使用。解决这一问题,需要采取共有资源的使用限制、使用费用的征收、私有化等措施。

五、不完全信息:逆向选择

　　在现实世界中,企业和个人不可能掌握关于产品的价格、质量以及市场状况等的所有必要信息。并且,谁也无法准确预知将来会发生什么。企业和个人都是在**不完全信息**下决定自己的行动。

　　本节及下一节中将指出,关于产品质量及交易对方的类型、行为等,当事人之间存在着信息差,当存在这种**信息的不对称性**时,市场就不能很好地发挥作用,会产生市场失灵。并且,我们将探讨有什么解决方法。

(一)柠檬市场

　　关于产品质量,二手车市场就是一个买方和卖方间存在信息不对称性的代表案例。不过,我们在此假设所有的二手车都不通过专业的经销商,而是在个人间进行交易。

在二手车市场上，车的质量有好有坏。就算外观相同，根据主人的用法、保管方法、保养检测等的不同，以及有没有出过事故等，在质量上有很大差别。其中混杂着外表看起来不错，但实际质量不好的劣质车（这就称作柠檬）。（译者注："柠檬"在美国俚语中表示"次品"或"不中用的东西"。柠檬市场也称次品市场，是指信息不对称的市场，往往好的商品遭受淘汰，而劣等品会逐渐占领市场，从而取代好的商品，造成市场中都是劣等品）但是，买方无法准确了解到每一辆二手车的质量。而与此相对，卖方很了解自己的车，所以二手车的卖方和买方之间就存在着信息的不对称性。

这时，卖方可以根据二手车市场的价格，来决定要不要出售自己的车。质量好的车价格不够高就不卖，而质量差的车就算价格较低也想卖出。另一方面，买方对于二手车的质量，只能掌握到不完全的信息，处于不确定的状态。因为优质车和劣质车混杂在一起，所以运气好的话能买到质量好的车，而要是运气不好就可能买到劣质车。而且，就算付出了高价，但由于柠檬在其中鱼目混珠，也有上当的危险。

因此，买方考虑到就算出高价也有可能买到柠檬的风险，暂缓购买。这样一来，二手车的价格下降，市场上优质车的供给减少，平均质量也就下降。这会使二手车的需求更加减少，价格再次下跌，优质车的供给量更加减少。随着这种过程的不断重复，市场上的好车将渐渐消失，最终劣质车泛滥。

这种现象称作**逆向选择**（Adverse Selection）。所谓逆向选择，是指在信息不对称的市场中，在格雷欣定律（劣币驱逐良币）的作用下，质量好的商品反而被淘汰，最终只剩下些劣质品。

（二）发送信号

接下来，我们来考虑一下针对逆向选择问题有着怎样的解决方法。关键在于要消除信息的不对称性。

逆向选择的解决方法之一是，拥有信息的一方向交易对方发送显示自己商品质量好的信号。这称作**发送信号**。在现实中，销售优质产品的卖方会以各种各样的形式向买方发送信号。

二手车的案例中，优质车的拥有者可以通过"专门的经销商"，附上"保证免费修理"等方式进行销售。这就成了这辆车质量很好的信号。一辆经销商销售的且附保证的二手车，买方会认为它的价格与其质量是一致的，给予信任选择购买，所以逆向选择的问题得以解决。

另外，一般来说名牌产品虽然价格比较贵，但品质很好，深得买方信赖。并且，麦当劳的汉堡包、7-11便利店的商品、连锁酒店的服务等，不管到哪儿品质和服务都差不多，已经被标准化了。因此，买方知道商品的品质，可以安心购买。这样的"品牌"及"商品标准化"，对买方而言就起到了传递品质保证信号的作用。

还有，消费者认为企业大力宣传的商品，正因为品质优良，所以企业才会投入巨额的广告费用。特别是在购买一些特别贵的商品时，如宝石、高级时装等，一般来说，如果在店面装修非常气派豪华的商店或百货公司购买的话，即使价格稍贵，品质上也不会有问题。"广告支出"及"店面装修"等也是展示品质的信号。

（三）自主选择

逆向选择的另一个解决方法是，不拥有信息的一方提供几种合约形式和收费体系，让对方从中选择，据此得出关于对方类型的信息。这称为**自主选择**。

比如，假设保险公司准备了两种合约，一种保险费便宜但只赔偿一般的疾病，另一种保险费较贵但包含了重大疾病，参保者可以自由选择其中一种医疗保险。这时，一般来说，对自己健康有信心的人会选择保险费便宜的合同，对自己健康没信心的人则选择保险费较贵的合同。通过投保人这样的自主选择，保险公司可以收集到投保人是什么类型等信息。

此外，手机套餐、各种健身房、休闲设施等也准备了不同的收费体系，有基本收费较贵但使用费用较低的套餐，也有基本收费便宜但使用费用较高的套餐，各个用户可以选择任一收费体系。这时，经常使用的人就会选择前一套餐，而不怎么使用的人则选择后者。像这样，让用户选择适合自己的收费套餐，通过这种方式可以知道用户的类型。

如上所述，通过买方的自主选择，卖方可以得出买方是什么类型等信息。结果，不是对买方统一收取一样的价格，而是可以针对不同类型的买方，提供不同的合约形式与收费体系，消除逆向选择的问题。

六、道德风险

下面我们将探讨当无法观察到交易对方的行动时，将会发生怎样的问题，以及有怎样的解决方法。

（一）保险中的道德风险

我们再次来看保险的问题。投保人（签约方）很清楚自己的行为，但保险公司却无法实际观察到每个投保人会采取怎样的行为。在投保人行为这一点上，两者之间存在着信息的不对称性。因此，人们的行为有可能会由于购买了保险而发生变化。

比如，如果买了汽车的车险，就算弄坏汽车，引起事故，也可以靠保险拿到损害赔偿。因此，安全驾驶的意愿降低，开车变得漫不经心，变得不注意。火灾保险也一样，买了保险后就算发生了火灾也能得到损害赔偿。所以，就放松了对火灾的防范意识。还有，一旦买了医疗保险，生病时的挂号费和医药费就会变得便宜。因此，容易变得疏于健康管理，或是稍微有点小病小痛就去医院看病。

像这样,人们的行动由于买了保险而发生变化,变得跟买保险前的设想完全不同,这种现象称为**道德风险**(或道德性危险、伦理的缺失)。发生道德风险时,保险公司支付的保险金额度增加,需要上调保险费。结果,投保人的负担加重,最终,甚至有可能保险本身都将不复存在。

然而,从投保人的角度看,保险是一种"共有资源"。任何一个投保人都可以使用保险。但是,一旦有人使用了保险,保险金支付就会增加,最终会以保险费(费用负担)上涨的形式反过来影响到全体投保人。但是,由于作为个体的投保人,忽视了这样的外部不经济,结果导致保险被过度使用,保险市场处于低效状态。

(二)代理问题

不仅限于保险这个领域,在很多领域道德风险都是广泛存在的。比如,如果公益企业的赤字任何时候都能得到政府的填补,就会失去高效运营的动力,会增加不必要的人员、房屋、设备、器具等极尽奢华,致力于为自己谋福利等,为自己增加支出,不再努力削减费用。

或者,如果金融机构在面临破产危机时能靠公共资金得到救助,经营者就不会认真努力经营。还有,在统一的薪酬体系下,一旦被录用后,便缺乏努力工作的动力,越来越多的人开始偷懒。

像这样,一般来说,可以把道德风险看作是"**委托人**(Principal)与**代理人**(Agent)之间的代理关系中所产生的问题"。也就是说,委托人与律师,保险公司与投保人,监督机关与公益企业,经营者与员工,银行与贷款人,出租车公司和出租车司机等,委托某项工作的委托人与被委托这项工作负责执行的代理人之间的关系中,委托人不能时刻观察到代理人的行动,所以,也许代理人不会采取符合委托人利益的行动,这种现象就称作道德风险。

(三)监督

委托人严密**监督**代理人的行动,是防止道德风险的方法之一。

比如,如果投保人的行为全都处在保险公司的监督下,那么,由于自己的大意和错误而引起的疾病、事故,就不太容易向保险公司要求赔偿金。或者,当保险公司严格审查赔偿金支付时,可以根据投保人自身的过失程度,相应地减少赔偿金。在这些措施下,投保人买了保险后,也会跟以前一样谨慎行事。

此外,在雇佣关系中,如果经营者随时都在严密监督着员工的行为,那么一旦员工旷工或者偷懒,经营者就能马上发现。结果,由于减薪和解雇的可能性变大,所以员工都变得遵守劳动规范,更加努力工作了。

像这样,加强监督,对于解决道德风险问题是有效的。但是,监督对方的行为,收集信息等,花费不可小觑。特别是当监督对象较多时,费用巨大,可能会导致利润的减少。所以,实际上保险公司并没有经常监督投保人。但是,为了防止道德风险,疾病和事故的一部分费用需要自己支付。

（四）诱因体系

为了激励代理人采取符合委托人利益的行动，在系统上（制度、合约）下工夫，是消除道德风险的另一个方法。

图 3-5 的横轴表示代理人活动产生的总收入水平。这里我们认为，代理人越努力，总收入就越多。纵轴表示代理人的收入（应得份额）。45 度线与表示代理人收入直线间的垂直距离，表示委托人的收入。

如果委托人可以随时观察到代理人的行动，不需要担心道德风险，一般来说，给予与代理人努力相应的**固定工资**，这种做法是比较恰当的。但是，在无法观察到代理人行动的情况下，固定工资契约反而恰恰会带来道德风险。这是因为代理人的努力与总收

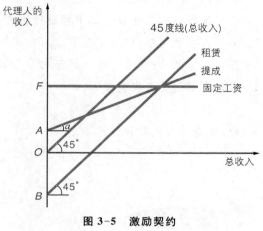

图 3-5 激励契约

入水平无关，并且能保证得到一个固定额度（OF）的收入，所以从代理人的角度来看，完全不用努力直接领取固定工资反而成了最佳选择。

因此，在无法观察到代理人的行为时，委托人有必要根据代理人的成果支付报酬。这时有一种将收入的一定比例作为**提成**支付的契约。图 3-5 中描述了这样一个例子：除了基本工资（OA）以外，再将收入增加部分的 $100 \times a\%$（$a<1$）作为提成支付给代理人。此外，还有一种**租赁（计件工资）契约**，即代理人给委托人支付一个固定额度（OB）的租赁费用，而收入全都属于代理人。

在提成契约及租赁契约中，代理人越努力总收入就越多，这样一来不仅委托人的利益会增加，代理人自己的收入也会提高，这样的契约能够激励代理人认真工作。在现实中，出租车司机的工资、销售人员的薪酬、承包业务的报酬、便利店的特许经营费等，都是根据提成契约及租赁契约来决定的。

自 然 垄 断

电力、天然气、自来水、铁路等服务的供给，在设备投资及网络整合上需要巨额的花费。因此，随着供给规模或客户数量的增多，企业每生产 1 单位产品的成本（平均成本）会渐渐下降，**规模经济**就显现出来了。

> 这种情况下，就算市场中在进行自由竞争，小规模企业在成本方面完全比不上大企业，最终只能退出市场。抢先成功地扩大生产规模的企业在成本方面有优势，结果，只有生产效率高的企业才能存活下来。而且，比起多家企业一起供给，由一家生产效率高的企业对全体市场进行供给，成本更低。这种情况就称作**自然垄断**。
>
> 在自然垄断下，如果没有政府的管制，垄断企业会采取能让自身利益最大化的行动。结果，与完全竞争市场下的市场均衡相比，生产量减少，价格定得很高，没有实现有效的资源配置。
>
> 因此，政府为了防止垄断的危害，对自然垄断的领域认可垄断，使其作为**公益企业**，在政府的控制和管理下运营。

1. 请画图说明为什么当企业的生产活动带来外部经济时，会产生市场失灵。
2. 请举出具体例子说明消费所带来的外部不经济。
3. 假设铝市场的需求曲线是 $Q=10-P$，供给曲线是 $Q=-2+P$，请回答以下问题。P 是价格（单位是万日元），Q 是数量（单位是万吨）。

    (1) 完全竞争市场均衡下的价格和产量各是多少？这时的消费者剩余、生产者剩余、总剩余分别是多少？

    (2) 在上面的情况下，如果伴随着铝的生产，每吨会产生 2 万日元的外部不经济，外部成本是多少？社会全体的总剩余又是多少？

    (3) 如果对企业每吨铝征收 2 万日元的庇古税，市场均衡下的价格和产量各是多少？这时的消费者剩余、生产者剩余、税收收入、外部成本、总剩余分别是多少？

4. 与私人产品、共有资源进行比较，说明什么是公共产品。
5. "市场不能对公共产品进行最优供给，但政府可以提供最适量的公共产品。"请评论这句话。
6. 当企业（招聘）与劳动者（求职者）之间存在着信息的不对称性时，会产生什么问题？请考察有哪些方法可以解决这一问题。
7. 请以派遣公司和派遣职员为例，说明在代理关系中产生的问题及解决方法。

第四章
竞争与战略

> 在企业数量少于完全竞争市场的垄断市场中,企业间以各种各样的形式展开竞争。为了在这样激烈的竞争中脱颖而出,各个企业需要适当地预测竞争对手们的动向,制定最佳战略进入市场。
>
> 以企业为首的局中人们的策略是怎样形成的,以及激烈的"战斗"之后会产生怎样的社会状态,研究这些问题的学问就称为博弈论(Game Theory)。它已经成了现代经济学中不可或缺的分析工具。
>
> 本章的目的是以企业展开的各类竞争为例,对博弈论的基本概念与理论进行说明,加深对"战略性思考"的理解。

☑ 关键词

价格竞争	差别化	博弈论	局中人
策略	收益	战略型博弈	展开型博弈
占优策略	纳什均衡	囚徒困境	威吓

一、市场中的竞争

（一）差异化竞争与价格竞争

市场经济必然会伴随着竞争。企业为了在市场中提高利润、打败对手,每天都在以各种各样的形式奋战着。

我们一般相信,竞争会使社会经济活动变得活跃,我们的生活也会变得富裕。但是,竞争并非总是给企业带来利益,根据市场中不同形式的竞争,有时也会给竞争的当事企业本身带来不好的结果。

市场中的竞争形态是多种多样的,主要可以分为**差异化竞争**和**价格竞争**(以及包含这两类的复合型竞争)。

所谓商品的差异化,是指属于同一类别的商品,通过对其属性或外观等加以少许变化来使供给市场的商品多样化,以满足消费者的不同需求。比如,同一排量的轿车,有关于外形、颜色、性能等各种各样的属性的产品在销售。它们都从属于轿车这一类别,但是由于细微的属性差别而形成了差异化。

差异化竞争是指针对销售同一类别商品的竞争对手,通过对商品进行独特的差异化来吸引消费者而进行的竞争。

价格竞争是指在没有进行差异化,或是很难形成太大差异的产品市场上,通过更便宜的价格来赢得消费者的竞争形式。

比如,以牛肉盖饭为代表的日本快餐市场上,通过味道与量的不同来追求差异化终究是有限度的,所以经常会出现激烈的价格竞争。牛肉盖饭的三家大企业展开白热化价格竞争,最终牛肉盖饭的价格甚至下降到每碗不到 300 日元,这一事件至今仍令人记忆犹新。

（二）激烈的价格竞争

完全没有差异化或者很难形成太大差异化的产品市场上,由于买哪家的产品基本上都没有差别,所以买家(消费者)自然会买更便宜的东西。换言之,就算只比竞争对手便宜 1 日元,也有可能赢得所有的消费者;而就算只比竞争对手贵 1 日元,也有可能失去所有的消费者,失去在这个市场上获得利润的机会。

在这样的市场中,如果有多家企业竞争的话,为了打败对手,他们就不得不相互把价格设定得比对方更低。也就是说,在这种情况下,不管什么企业都会努力为争夺市场而设定比其他公司更便宜的价格。结果便会产生无休止的降价竞争,在这个市场中生存的所有企业都将不得不把价格设定在勉强保本的水平上。这样一来,没有差异化或者很难形成太大差异化的产品市场上,一旦开始价格竞争,最终只有在非常低的价格水平上才会实现平衡。在牛肉盖饭市场上,价格降到每碗不到 300 日元的背后就存在着这样的因素。

在大多数情况下,价格战对企业而言没有益处,反倒会造成企业安于低价以及由低价带来的低利润这种不利结果。也就是说,竞争对手互相伤害,最终两败俱伤。

因此,所有的企业都会尽可能回避价格战,努力以差异化竞争的形式来展开竞争。比如,牛肉盖饭市场上,某企业发售以和牛为食材的高单价的高级牛肉盖饭。可以说,这正是为了摆脱自杀式的低价价格战而开发"高价、高品质"的差异化产品,从而将竞争由价格战转为差异化竞争的一种尝试。

但是,由价格竞争转化为差异化竞争并非易事,企业就算能预见到迟早会自食其果,也只好努力通过降价和对手争夺顾客,这样的例子比比皆是。下一节开始我们将要讨论为什么企业明知道是自杀式结局,却要作茧自缚,明知不可为而为之。对于分析这种自相矛盾的情况,博弈论是非常有效的工具。

二、降价竞争博弈

(一) 所谓博弈论

上节中直观说明的降价竞争,其实就是学习博弈论作用的一个很恰当的例子。在此,用这一理论解释一下上节的例子,但作为准备工作,先简单概括一下博弈论的概念。

博弈论以 1944 年奥斯卡·摩根斯坦和约翰·冯·诺依曼共著的巨著《博弈论与经济行为》的出版为契机开始发展,近年来已经成为经济学中不可或缺的分析工具之一。

首先,消费者及企业等经济主体被统称为**局中人**(Players),假设局中人们互相之间以某种形式结成某种**相互关系**(利害关系、朋友关系、合作关系、敌对关系等),在这种关系下各个局中人可以选择的每一个选项称为**策略**(Strategies)。当局中人决定要选择怎样的策略时(即在形成策略时),除了自己的策略以外,还必须判断其他局中人会采用怎样的策略。

博弈论是一门研究处于相互关系下的局中人们的**策略形成**结构，以及这种策略形成会滋生出怎样的社会状态（＝均衡状态）的学问。这个理论还可以分为**合作博弈论**和**非合作博弈论**：前者研究的是由于某些原因局中人之间形成了合作关系时，为了分享共同利益而制定规则的结构等；与之相对，后者研究的是，在无法事先假定这样的合作关系能成立的环境下，相互关系所带来的后果等。因为在经济学中非合作博弈论被运用得更广泛，所以下面我们将集中探讨非合作博弈。

（二）价格竞争博弈

回到上节中价格竞争的例子，我们把它公式化为简单的非合作博弈。为了简单易懂，假设 A、B 两家公司围绕着同一种产品（如 ADSL 连接服务）的销售正在竞争。那么，这场博弈中的局中人就是 A 公司和 B 公司。

各个局中人可以选择设定不同水平的价格。也就是说，他们可以设定的每一个价格，就是策略（＝选项）。一般而言，各个局中人可以设定的价格选项很多，但这里为了让例子更简单易懂，假定这两家公司只能选择"高价"（如 6 000 日元）和"低价"（如 2 900 日元）这两个策略。

在博弈中，各个局中人可能获得的利润（当局中人是企业时）及效用（当局中人是消费者时）等统称为收益（也称 Payoffs）。现在假设的这个博弈中，局中人是企业，所以收益表示的就是各个企业所获得的利润。

一般来说，各个企业可能获得的利润大小不仅仅靠这个企业自身所采取的策略，还要看其他企业采取了怎样的策略。比如，现在假设的这个博弈中，B 公司选择"高价"策略或选择"低价"策略，A 公司采取"低价"策略时的收益自然是不一样的。

局中人可能采取的策略和收益之间的关系总结成表格，称作**支付矩阵**。表 4-1 就是刚才考虑的这个价格竞争博弈的支付矩阵。最左边一行和最上面一列中，分别记入了每个企业可能采取的策略。剩下的 4 格里，为了方便标上了从①到④序号，括号内写的是当采取不同策略时各公司获得的收益。括号内的逗号左侧的数字表示 A 公司的收益，右侧的数字表示 B 公司的收益。

在这个市场中，当 A、B 公司都采取"高价"策略时，市场上成立的价格为"高价"且居高不下。这时，假设市场全体将产生 6 亿日元的收益。那么，因为两个公司都设定了相同的价格，所以 6 亿日元的收益就各分一半。表 4-1 的①中的(3, 3)就表示了这种情况。

接下来，由于商品是无差异化的，只要至少一家企业"低价"，这个价格就会成为市场价格。但是，价格一低，自然市场整体利润就会变少。假设低价时的市场整体利润为 4 亿日元。这样一来，一家企业设定高价，另一家企业采用低价时，后者就能独占这 4 亿日元，两者都采用低价时，这 4 亿日元就对半分。基于这种想法，得出了表 4-1 中的②到④记入的收益组合。

通过表4-1,(a)局中人是谁?(b)各个局中人可能采取怎样的策略?(c)收益结构怎样?这些问题全都可以找到答案。像这样以支付矩阵为中心来表现的博弈,就称为**战略性博弈**(也称为**标准型博弈**)。

表 4-1 价格竞争博弈的支付矩阵

A 公司 \ B 公司	高价(6 000 日元)	低价(2 900 日元)
高价(6 000 日元)	①(3,3)	③(0,4)
低价(2 900 日元)	②(4,0)	④(2,2)

(收益的单位:亿日元)

三、占优策略均衡与囚徒困境

(一)占优策略均衡

局中人们上演像上节中构筑的降价竞争那样的博弈时,博弈中最终达到的状态(即博弈的结果)就称为**博弈均衡**。

表4-1中的博弈的均衡是怎样的呢?为了找出均衡,首先,我们来考虑一下A公司会采用怎样的策略。

假设现在B公司采用了"高价"策略。这时,如果A公司也采用"高价"的话,A公司的收益为3亿日元。但如果选择"低价"的话,收益就会变成4亿日元。也就是说,在这种情况下,A公司采取"低价"策略比较有利。

如果B公司采取了"低价"策略时情况又会怎样呢?这时,如果A公司采取"高价",将会毫无收益;如果采取"低价",则有2亿日元收益。也就是说,这种情况下A公司同样是采用"低价"策略比较有利。

从上述分析可以看出,不管B公司采用哪种策略,对A公司而言,采用"低价"策略都是有利的。

像这个案例中的"低价"策略一样,无论其他局中人采用什么策略,唯一的最优策略就称为**占优策略**。表4-1的案例中,B公司的收益结构与A公司相同,所以对B公司而言,"低价"策略也是占优策略。

像这样,表4-1的案例中,无论其他对手采取任何策略,每一个局中人都是采用"低价"策略比较有利,所以最终,两家公司都采用了"低价",分别获得2亿日元收益,这样的状态就达到了这场博弈的均衡,市场将会变得低价化。

本章第一节中描述了日本牛肉盖浇饭市场的低价化现象,这个现象可以运用上述简单的博弈模型,从理论上进行说明。

(二) 囚徒困境

一般说来,并不是所有的博弈中都像表 4-1 的案例那样,所有局中人都有占优策略。这时,考虑什么是均衡就变得很困难。关于这个问题在第四节中会进行说明,这里再考察一下表 4-1 中该类型的博弈。

其实,表 4-1 的博弈与被称作"**囚徒困境**"的那个有名的博弈是相同的收益结构,在这个意义上,可以把它看作是囚徒困境博弈的一个变形。下面将对囚徒困境博弈进行简单的说明。

两个罪犯因涉嫌共同犯罪被警察抓住,接受讯问。如果两人都坦白了罪行,就要各被判刑 5 年,而如果两人都抵赖,本案就无法判处两人有罪,但会因别的小案子的罪名被判刑一年。

这里我们假设讯问的警察提出了某种司法交易,即警察分别劝说嫌疑人:如果一个嫌疑人在另一个人坦白之前坦白,可以被免除刑罚,而相反如果对方坦白了而自己抵赖的话,则要被加刑 2 年被判 7 年。

我们用博弈形式来表现这种情况。这场博弈中的局中人是嫌疑人 A、B 二人。各个局中人都有"抵赖""坦白"这两个选项(策略)。局中人的收益用各个嫌疑人的效用表示,被判刑年数越长,效用越低,所以假设免除刑罚(=判刑 0 年)时的收益(效用)为 20,判刑 1 年的效用为 10,判刑 5 年及 7 年的效用分别为 2 和 1。

然而,一般来说,每个局中人的收益结构(效用的数值等)可以不同,但在这个案例中,由于两个局中人处于完全对称的状况之中,所以我们可以假设局中人 A、B 具有相同的收益结构。表 4-2 的支付矩阵就是基于上述情况做成的。

与表 4-1 的博弈一样,这场博弈中的所有局中人都有占优策略。那就是"坦白"这一策略(它成为占优策略的确认请参看练习题)。因此,两个嫌疑人都选择坦白,都被判刑 5 年。

在这个案例中,只要这两个嫌疑人都坚持抵赖到底,每个人都只用入狱 1 年。但由于两人都坦白了,最终两人都必须要接受更长时间的刑罚。也就是说,明明抵赖才会成为两个人的共同利益,但两人都想超过对方让自己少判刑,最终双方都陷入了更坏的境地。

总之,可以认为这个案例在个人利益("只想让自己变得更好"这种想法)与两个人的共同利益之间产生了对立,结果以个人利益优先,两个人的共同利益遭到了损害。

这个案例中的出场人物只有嫌疑人 A、B 二人,所以这里我们可以看成是由这两个人组成了"社会"。这样一来,表 4-2 的案例可以表示这样一种困境,即个人利益与社会利益之间产生对立,结果产生了两人都陷入意想不到的不幸后果。基于这一解释,表 4-2 的博弈所造成的困境就被称作"囚徒困境"。

表 4-2　囚徒困境博弈的支付矩阵

嫌疑人 A \ 嫌疑人 B	抵　赖	坦　白
抵　赖	(10, 10)	(1, 20)
坦　白	(20, 1)	(2, 2)

同样的解释也适用于表 4-1 中的价格竞争博弈的例子。即从 A、B 两公司共同利益的观点来看,明明互相把价格拔高才是有利的,结果由于两家公司都想要领先对方自己独吞整个市场,最终产生了低价均衡这个两家公司都不希望看到的结果。在这个意义上,可以认为表 4-1 的价格竞争博弈是囚徒困境的一个变形。

最低价格保证:对消费者而言真的有利吗?

最近,经常在家电产品的量贩店里看到这样的**最低价格保证**告示:"如果本店的商品比其他商店哪怕贵了 1 日元,请您告诉我们。我们会立刻为您降价。"一眼看上去,貌似是一个对消费者非常有利的制度,但真的是这样吗?让我们来思考一下。

最低价格保证适用于型号完全相同的产品,所以在这个意义上说,适用于这个制度的产品,每家商店是没有差异化的。无差异化的产品,可能会展开本章开始时提及的价格竞争,产品价格不断下降。产生这种价格竞争的原因在于,如果一些商店进行少许降价,就会从其他商店吸引到很多客人,那么,其他商店为了对抗也会进行降价。

而采用最低价格保证制度后,情况就发生变化了。假设现在附近有两家互相竞争的 P 店、Q 店。P 店宣布要采用最低价格保证制度,一开始 P 店和 Q 店都是以 1 万日元的价格销售同样的商品。Q 店有降价到 1 万日元以下的动机吗?就算 Q 店降价,顾客也不会从 P 店流动到 Q 店。这是因为既然 P 店已经宣布了保证价格最低,P 店的顾客可以继续在 P 店购物,Q 店降价的部分也可以从 P 店领取到。因此,就算 Q 店降价,也无法夺走 P 店的顾客,所以结果会失去降价的动机。

那么,当 P 店宣布保证价格最低时,Q 店应该怎么办呢。如果 Q 店不采用最低价格保证制度,而是继续执行正常的价格政策,P 店只用稍微比 1 万日元便宜一点点,就能抢走 Q 店的顾客。所以,为了防止这种情况的出现,Q 店也采用最低价格保证制度才合适。

> 这样想来，当 P 店采用最低价格保证制度时，对于 Q 店而言，同样采用最低价格保证制度才是最佳选项。同样的，当 Q 店采用最低价格保证制度时，对 P 店而言，也一样采用最低价格保证制度才最合适。也就是说，这种情况下，双方都采用最低价格保证制度的状态才是纳什均衡。
>
> 从上面的分析可以发现，如果两家商店都采用最低价格保证制度，一开始的定价 1 万日元就不会下降，会一直停留在这个水平上。这样想来，最低价格保证制度一眼看上去是对消费者非常有利的制度，但实际上价格居高不下，对消费者反而不利。

四、纳什均衡的思路

（一）超市的选址

表 4-1 和表 4-2 中的博弈都是占优策略均衡实现了均衡。但是，所有局中人都有占优策略的博弈，说到底是例外，反而是不存在占优策略的博弈比较普遍。不一定有占优策略的一般的非合作博弈中，适用被称为**纳什均衡**的均衡概念。

这里，我们用关于企业战略形成的一个非常简单的例子，来说明一下纳什均衡。假设大型超市 C 公司和 D 公司都在计划开设新店，两家公司都在考虑把新店开在 P 城或者 Q 城。

也就是说，C 公司和 D 公司可能采取的策略都是"在 P 城开店"和"在 Q 城开店"这两种。假设支付矩阵如表 4-3 所示。通过这个表可以看出，当两家公司在同一个城市开店时，将会引起激烈的销售战，两家公司都可能遭受巨大打击。结果，两者的收益都会变少。但是，如果两家公司分别在不同的城市开店，就可以避免两家公司的正面冲突，两者的利润都会变多。

表 4-3 分 栖 共 存

C 公司＼D 公司	在 P 城开店	在 Q 城开店
在 P 城开店	(3, 2)	(9, 10) 纳什均衡2
在 Q 城开店	(8, 7) 纳什均衡1	(3, 4)

这场博弈的均衡会是怎样呢。其实这场博弈中不存在占优策略。比如，从 C 公司的角度来考虑，如果 D 公司采用"在 P 城开店"的策略，那么选择"在 Q 城开店"就是最佳选

项,而如果 D 公司"在 Q 城开店",则选择"在 P 城开店"才是上选。可以说,对 D 公司而言也是一样的,所以这场博弈中并不存在占优策略。

(二)纳什均衡

当如同表 4-3 的博弈中那样不存在占优策略时,纳什均衡的概念就有用了。那是"所有的局中人采取最优策略的状态"(占优策略均衡也是纳什均衡的一个特殊例子)。

这里,让我们试着用表 4-3 中的博弈,来具体分析出它的纳什均衡。这场博弈中,C 公司采用"在 Q 城开店",D 公司采用"在 P 城开店"策略的状态就能达到纳什均衡。

其实,如果 D 公司采用"在 P 城开店"的策略,C 公司"在 Q 城开店"可以比"在 P 城开店"获得更大收益。也就是说,应对 D 公司"在 P 城开店"这一策略,C 公司的最优策略是"在 Q 城开店"。同样地,当 C 公司采用"在 Q 城开店"策略时,D 公司的最优策略是"在 P 城开店"。

像这样,"采用 C 公司'在 Q 城开店',D 公司'在 P 城开店'这样的策略"这一状态下,两公司双方都打出了最佳策略。这个状态就是纳什均衡。

表 4-3 的博弈中有一个需要注意的地方。如上所述,"C 公司='在 Q 城开店',D 公司='在 P 城开店'"的策略组合就是纳什均衡,但这场博弈的纳什均衡还有另一种情况,就是"C 公司='在 P 城开店',D 公司='在 Q 城开店'"(纳什均衡 2)这一状态(证明参见问题)。无论是哪一种纳什均衡,两家企业都通过在不同的城市开店,谋求"分栖共存"。

纳什均衡一成立,任何一个局中人都不会想要改变策略脱离现状。其实,如果表 4-1 中的"纳什均衡 1"成立,只要 D 公司采用"在 P 城开店"的策略,C 公司就可以通过继续采用"在 Q 城开店"的方式,维持 8 的收益,但如果改变策略为"在 P 城开店",收益将会下降为 3。

也就是说,对 C 公司而言,改变现在的策略会给自己带来损失,所以没有必须要改变策略的理由。同样地,由于 D 公司也不存在改变策略的动机,所以一旦纳什均衡成立,那个状态就会一直稳定地持续下去。在这个意义上,纳什均衡的确是名副其实的"均衡"状态。

五、行动与策略

(一)博弈树

在博弈论中,很明显**行动**与**策略**是不同的概念。"行动"是指局中人在博弈的各种局势中所作的选择,而"策略"是指"行动计划表"。

比如,在围棋、将棋等竞技中,当轮到自己时,哪颗棋子该怎么走,这就是行动。而与之相对,一边纵观比赛全局,一边想"如果是这样的话,这颗棋可能这么走",像这样描述将来棋子走向的则是策略。

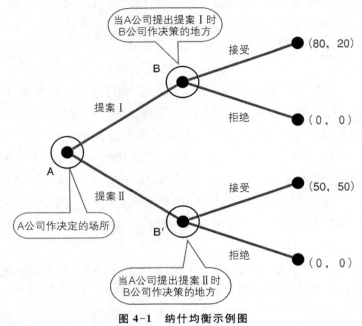

图 4-1　纳什均衡示例图

也就是说，行动表示的是每个时期内的极为短期性的选择，而策略表示的是一直看穿到博弈结束的长期性选择。

上一节之前我们考虑的战略性博弈中，都是两个局中人同时提出策略，博弈一次就结束了。因此，这种情况下，"行动计划表（＝策略）"中所记录的计划也就只有一个。也就是说，这样的一次性博弈中，可以将策略和行动看作是一样的。

但是，在像刚才提到的围棋、将棋等竞技那样，各个局中人依次轮流的博弈中，策略与行动的区别就变得非常有必要。而且，在这种非一次性的博弈中，以怎样的顺序轮流进行以及局中人在轮到自己的时候掌握着哪些信息，即**时间与信息的结构**，在将博弈模式化时，必须明确写清楚。

之前谈到的战略型博弈，本来就是将一次性同时进行的博弈模型化的结果，所以简单易懂地导入时间与信息的结构并不容易。这种情况下最有效的方法是运用称为**博弈树**的图形，从视觉上以容易理解博弈进展的形式来表现。运用博弈树来表示的博弈称为展开型博弈。

（二）谈判最后阶段的博弈

在此我们将运用某个谈判的例子，对展开型博弈进行说明。A 公司和 B 公司，正在为了 12 月 24 日双方共同举办一个活动而进行谈判。谈判已经到了最后阶段，只剩下一个待解决的问题，即这两家公司该如何分配实施这一项目的预计收入 100 万日元。

由于举办活动的日子马上就快到了，所以如果不尽快达成协议的话，活动本身将无法举行,情况非常紧急。最后的谈判阶段,A 公司提出分配计划,如果 B 公司同意,则达成协议,但如果 B 公司拒绝,则谈判破裂。

这场博弈是由 A 公司的提案阶段和 B 公司的回答阶段这两个阶段组成的,并不是一个同时进行的博弈。因此,用战略型将它模式化并不恰当,所以我们运用博弈树展开的特点从视觉上进行表示。但一般说来,A 公司的提案可能有好几个方案,但这里我们假设 A 公司的提案是下面这两者之一。

【提案Ⅰ】 A 公司收取 80 万日元,B 公司收取 20 万日元。

【提案Ⅱ】 由 A、B 公司平分所有收益。

图 4-1 中的图形就是博弈树。这是名副其实的把"树"横放后的图形,时间以从左到右的顺序发展。图中有三个用○圈住的点,每个点表示的是局中人作出决策的场所(这种作出决策的场所称为"信息集")。其中 A 表示的是局中人 A 作出决策的场所,B 和 B′表示的是局中人 B 作出决策的场所。

我们以上述说明为前提,来看一下这场博弈中作出决策的流程。首先,这场博弈中,A 公司一开始在最左边用○圈住的地方作出决策。A 公司的选项用从这点延伸出来的两条连线(称为枝)来表示。上面的枝表示选项"执行'提案Ⅰ'",下面的枝表示选项"执行'提案Ⅱ'"。

A 公司作出决策后,轮到 B 公司作出决策。B 公司是在知道了 A 公司选择了哪条枝的基础上再作出选择。即,如果 A 公司选择上面的枝(提案Ⅰ),那么 B 公司就在注明 B 的地方作决策,从上一枝(接受)和下一枝(拒绝)中任选一方作出选择。而当 A 公司选择下面的枝(提案Ⅱ)时,B 公司则在注明 B′的地方作决策,并从上一枝(接受)和下一枝(拒绝)作出选择。

像这样运用博弈树(图 4-1)就能通过上述形式立刻看出博弈的进展情况。

(三)展开型博弈的纳什均衡

图 4-2 中的博弈,A 公司作决策的场所只有一个地方,但 B 公司有两个地方(点 B 和点 B′)。如上所述,策略是"行动计划表",所以自然必须在博弈进行前就制定好。

图 4-1 中的博弈中,B 公司可能作决策的地方有两个,B 公司在哪一方作出决策,要视 A 公司而定。因此,在记录"行动计划表"时,"如果自己在 B 这一点上做决策的话,要选择△△行动,而如果在 B′点处作决策的话,则要选择××行动",要像这样用"如果……的话,那么……"的条件形式来进行表述。

从点 B 和点 B′分别延伸出两条枝,所以最终 B 可能采取的策略正如表 4-4 所示,有 4 种。而 A 公司作决策的场所只有一处,所以对于 A 公司而言,行动与策略是一样的。

这样我们就可以看出这场博弈的策略具体是怎样的。明白了这点之后,就有可能把图 4-1 的展开型变换为战略型。这就是表 4-5 的战略型。

这个表是怎样作成的呢。比如,我们来思考一下当 A 公司采用"提案Ⅰ"、B 公司采用

"策略1"时的情况。这时,回到图4-1来看,首先,A公司采取行动,选择上方的枝,那么B公司就会在点B进行决策。在策略1的指导下,B公司在点B选择上方的枝,结果(80,20)的收益就成立了。在A、B公司选择另外的策略组合时,也可以用同样的思考方式,求得不同情况下的收益,得到表4-5。

表4-4 B公司可能采取的策略

策略1	在B处接受,在B'处也接受
策略2	在B处接受,在B'处拒绝
策略3	在B处拒绝,在B'处接受
策略4	在B处拒绝,在B'处也拒绝

表4-5 将图4-2中的博弈改成战略型

A公司＼B公司	策略1	策略2	策略3	策略4
提案Ⅰ	(80, 20) 纳什均衡1	(80, 20) 纳什均衡2	(0, 0)	(0, 0)
提案Ⅱ	(50, 50)	(0, 0)	(50, 50) 纳什均衡3	(0, 0)

这场博弈中,从"纳什均衡1"到"纳什均衡3",共有三种纳什均衡。当"纳什均衡1"或"纳什均衡2"成立时,A公司提出提案Ⅰ这个强硬的提案,B公司接受。但是,在"纳什均衡3"的均衡时,A公司的提案是较软弱的提案Ⅱ,而B公司也接受了。

像这样,①"纳什均衡1"或"纳什均衡2",与②"纳什均衡3"相比,①的情况下最终实现了提案Ⅰ,②的情况实现了提案Ⅱ。也就是说,①这种类型的均衡与②这种类型相比,完全是性质不同的均衡,博弈的结果也完全不同。在进行这场博弈时,到底哪一种类型的均衡实现的可能性更高呢?

其实,所谓纳什均衡,只不过是满足博弈结果应该具有的最低条件的东西,所以像这个案例一样,性质完全不同的状态也可能成为纳什均衡。这种时候,通过进一步考察各种均衡的性质等,可以选出更有可能成立的均衡。其实我们在讨论的这场博弈中,"均衡3"成立的可能性较低。理由放在后面进行论述。

(四) 威吓的作用

表4-5的博弈中,为什么"纳什均衡3"的纳什均衡会得以成立呢?我们发现,其实B公司所采用的策略的某一性质发挥了作用。在"纳什均衡3"的均衡成立时,B公司采用了策略3,但这个均衡是在点B'实现的,所以策略3中的"在点B拒绝"这一部分实际上并没有发生。

然而,"纳什均衡3"实现均衡时,没有发生的"在点B上的行动宣言"其实是具有重大意义的。也就是说,一旦用这个策略向B公司宣布"在点B断然拒绝",那么对A公司而言,如果采用"提案Ⅰ",则收益全无。正因为有着这样的担心,所以A公司才会放弃"提案Ⅰ",而不得不采用对B公司更有利的"提案Ⅱ"。

所谓**威吓**(威胁),比如就像"如果不为我做……的话,我揍你哦!"这样,是指通过向对方提出某种潜在的可能性使对方改变行动的行为。在"纳什均衡3"的均衡中,B公司所做的事情就等于威胁对方:"如果你们提出实现点B那样的提案的话,我们就让谈判破裂!"于是,A公司向这个威胁屈服了。

但是,威胁有实效性强的时候,也有无效的时候。比如刚才提到的"揍你!"这样的威吓,也要看说这句话的是什么人,如果他看起来弱不禁风、软弱无力,那么他的威胁可能就起不到任何效果了。

那么,我们就有必要讨论一下策略3中所包含的威胁到底有没有效。我们来思考看看,如果A公司不顾B公司的威胁采用了"提案Ⅰ"时会发生什么。也就是强制让点B发生。

此时,如果B公司就像威吓中所预告的那样,拒绝了A公司的提案,那么收益也就为零。但是,如果接受提案,还能得到20的收益。也就是说,如果A公司强行提出"提案Ⅰ",B公司按照策略3行动的话,自己将无利可图。因此,当B公司所假设的威吓的状况变得明显时,反而已经不能再实行威吓了。

如果A公司是个深思熟虑的局中人,那么,当他们受到B公司的威吓时,自然就会想到上文中所描述的这些情况,看出B公司的威胁是无效的。总之,在这个意义上,很难说B公司的威吓是**有效的威吓**。

既然策略3的纳什均衡是基于无效的威吓,那么,不得不说这个均衡实现的可能性较低。因此,在这场博弈中,A公司实行强硬的提案(提案Ⅰ),B公司勉强接受,这样一种均衡状态实现的可能性较高。

像图4-1那样的最后通牒型的博弈中,最终A所得到的部分较多,从这样的均衡成立中我们可以看出,最先行动的局中人(这种情况中是A公司)比后行动的局中人占有压倒性的优势。也就是说,这是**先发制人型**的博弈。

图4-1中我们假设A公司占先,构筑了博弈,但考虑到更复杂(且更现实)的情况,可以想象到在前一个阶段里,围绕着哪一方占先的激烈争夺场面。并且,在具有这种先发制人结构的博弈中,在争夺占先中赢得胜利,成为提高收益的关键。

1. 第一节和第二节讨论了产品差别化,这是回避无止境价格降价竞争的一个手段。请根据实例,讨论产品差别化的成功案例和不成功案例。

2. 用表 4-2 的博弈矩阵，说明"坦白"成为所有局中人的占优策略。
3. 请举两个与"囚徒困境"结构相同的博弈的例子，并写出支付矩阵。
4. 用表 4-3 博弈理论，说明"C 公司在 P 城开店，D 公司在 Q 城开店"，也能达到纳什均衡。
5. 请确认表 4-5 的博弈中，"策略 1"到"策略 3"都是纳什均衡。

第五章
企业中的经济学与日本企业

> 我们的生活总是以各种各样的形式与企业打交道。作为消费者,我们购买商品,得到服务。作为劳动者,我们提供劳务以换取报酬。此外,我们还可以购买股票,获得红利。然而,从企业角度来看又是怎样的呢?企业投入资本和劳动等生产要素,生产商品及服务。我们所提供的劳务,作为生产要素的一部分,被投入商品及服务的生产中。然后,生产出来的商品和服务在市场上被销售给消费者。在这一系列活动中,企业需要作出各种决策。例如,决定生产多少量的什么商品,为了生产这些商品应投入多少生产要素等。
>
> 在这里,我们将学习企业的相关知识。首先,在第一节,我们将对作为企业的代表性形态——股份公司的结构进行说明。然后,在第二节中介绍微观经济学中的企业理论。在第三节,从就业、金融方面介绍日本企业的特点。

✓ 关键词

有限责任	所有权和经营权的分离	红(股)利	资本收益
资本损失	股利贴现模型(DDM)	现值(PV)	贴现率
净现值(NPV)	投票权	股利分配请求权	总成本
固定成本	可变成本	总成本曲线	成本函数
平均成本(AC)	边际成本(MC)	平均可变成本(AVC)	利润最大化
长期雇用	年功工资	激励(Incentive)	主管银行

一、公司的结构

（一）公司的数量和股份制公司的特征

日本一共有多少企业呢？据《中小企业白皮书（2014年版）》统计，日本存在着386.4万家企业。其中，大企业有1.1万家，中小企业有385.3万家，可见日本的企业中绝大多数是中小企业。在中小企业中，小企业（小规模业者）有334.3万家，可见中小企业中大多数是小企业。从从业人员的人数上来看，大企业的从业人员有1 397万人，中小企业的从业人员为3 217万人，可以看出大多数劳动者是在中小企业工作。大企业一开始也几乎都是从小企业开始发展起来的，这是不言而喻的道理。小企业在市场上不断累积成功经验，逐渐发展为大企业。有些发展起来的企业会在东京证券交易所上市。因为通过上市，可以顺利地筹措资金，并得到社会的信赖。到2014年11月为止，共有3 440家企业在东京证券交易所上市，一板市场有1 841家企业，二板市场有543家，其他市场有1 056家。其中，有12家为外国公司。我们一想到企业总是会浮现出大企业的形象，但其实我们需要注意，从日本企业的总体数量上来看，上市公司的数量是极少的。

正如专栏中所述，企业的形式不仅仅是股份制公司。如果仅限于大企业来看的话，其中绝大多数是股份制公司。因此，让我们来看一下股份制公司有着怎样的特征。

有限责任以及**所有权与经营权的分离**是股份制公司的两个重要特征。所谓有限责任是指股东仅对自己的出资额负责，对超出出资额的部分不承担责任。比如，某股东对企业出资10万日元时，就算是该企业出现了50万日元的损失，该股东对超出出资额的部分也不承担责任，这时，该股东只损失他出资的10万日元，对于剩下的40万日元则不用负责。

那么，为什么会有有限责任呢？假如没有有限责任，投资者要对公司的损失承担无限责任的话，会产生什么样的问题呢？假设现在有一个项目，成功概率不是很高，但如果成功就会获得巨大收益，而失败时公司会出现多大的损失则无法确定。

考虑到成功时的收益，投资者会投资这个项目。如果是无限责任，当这个项目失败时，投资者个人将要遭受多大的损失却是不确定的。会投资这样的项目的投资者应该不多吧，特别是从一般投资者中筹集资金来推进大项目更是不可能，结果这一项目将无法实行。

这样一来，如果不是有限责任，谁也不会投资有风险的项目。实际上，很多项目却是需要大额的资金，也存在失败的风险，但一旦成功将会获得巨大的收益。要实现这样的项目，就需要有限责任。

股份制公司另一个特征是所有权与经营权的分离。这就意味着作为公司所有者的股东与实际管理公司资产运营业务的经营者不是同一人。股份制公司从很多投资者那里筹集资金，但并不一定每一个投资者都是经营的专家。股东中也有一些人只想要得到分红等收益,却对公司业务毫无兴趣。因此,在很多情况下,企业的经营是由专业的经营者来进行的。

这样一来,虽然可以从很多投资者那里筹集到资金,但也可能引起其他问题。那就是经营者可能会违背股东的意愿进行经营管理来实现自己个人利益最大化。股东希望经营者可以提升业绩。但是,经营者对企业的经营握有极大的权力,存在不是为了股东而是为了一己私利来使用企业资源的危险。经营者有可能用企业的资金购买不必要的豪华喷气机,或是进行对自己熟人的公司有利的交易。

股份制公司实现的收益除了划分出作为留存利润的部分以外,其余的部分会作为**红利**分配给股东。股东在获得红利的基础上,企业业绩提升,股价上升时,还可以获得**资本收益**(Capital Gain)。另一方面,当企业业绩下滑股价跌落时,股东出售股票则会遭受**资本损失**(Capital Loss)。虽说股东承担损失的风险,但通过有限责任制,可以不用承担出资额以外的责任。并且,当对公司的前途有所顾虑时,还可以将股份转让给第三方。通过这样的股份制公司的结构,对于有一定风险的项目,便可以从很多一般投资者那里筹得资金。

会员公司和 NPO

根据公司法,公司是通过从事商业营利活动获得利润,然后将所获利润分配给作为投资者的各成员的法人。这种形式的公司,除了股份公司,还有就是会员公司。股份公司是指从多数投资者手中筹集资金以进行大规模事业的公司。出资者和经营者不一定是一致的。

与之相对,会员公司是由相对少数的会员在互相信赖的基础上组成,进行各项事业的公司。在会员公司中,只由无限责任股东组成的是合股公司,既有无限责任股东又有有限责任股东的为合资公司,仅由有限责任股东组成的是合同公司。

除了公司之外,也有如医院、学校等不以营利为目的的组织。这样的组织我们一般称之为 NPO (Non-profit Organization)。NPO 是指进行非营利性活动的非政府民间组织,NPO 包括学校、医院、环保团体、民间团体等,广义上还包括政治团体和宗教团体等。NPO 的特点是利润全部内部留存而不予以分配,这称之为非分配约束。但是,NPO 也不是不可以获取任何利益的。

(二) 现值

股价到底是怎样决定的呢?股价的决定有各种模型,这里我们讨论的是标准的**股利贴现模型**(DDM)。股利贴现模型以现价的概念为基础。首先,我们来说明一下**现价**的概念。

今年的100万日元和明年的100万日元具有相同的价值吗？今年领取和明年领取都是同样的金额，但是，考虑到利率的因素它们的价值就不一样了。我们假设现在银行的利率为10%。那么，今年存款100万日元，明年就能取出110万日元。也就是说，今年的100万日元和明年的110万日元具有相同的价值。这样一来，今年的100万日元就比明年的100万日元具有更高的价值了。

那么，明年的100万日元与今年的多少现金具有相同价值呢？考虑这个问题时，只要考虑"今年存款多少明年会变成100万日元"就行。如果利率是$100 \times r\%$，今年存款A日元，1年后就会变成$A(1+r)$日元。我们可以算出今年只要存款$100/1.1$万日元，明年就能成为100万日元。像这样用现在的价值来重新计算将来的现金称为贴现（Discount），利率称为**贴现率**，并且，把将来的现金贴现后的现在的价值称为现值（PV）。就上述例子来看，可以说"明年的100万日元用10%的贴现率计算后现值为$100/1.1$万日元"。那么，两年后的100万日元用10%的贴现率计算后现值是多少呢？这时只用考虑"现在存进多少钱两年后会变成100万日元"。也就是说，只要存款$100/(1.1)^2$万日元，一年后就是$100/1.1$万日元，两年后就会变成100万日元了。

如果贴现率用r表示，那么1年后C日元的现值就可以表示为$C/(1+r)$日元，2年后C日元的现值则表示为$C/(1+r)^2$日元。一般来说，t年后C日元的现值可以表示为$C/(1+r)^t$日元。

贴现率的思考方式可以应用于各种场合。比如，有一种股票，从明年开始的五年间，每年都能确保有100日元的分红。我们说过，1年后、2年后所得到的100日元的现值是不一样的。假如利率为5%，那么1年后、2年后的100日元的现值则分别为$100/(1+0.05)$、$100/(1+0.05)^2$。因此，这5年的分红的现值的总和如下：

$$\frac{100}{1+0.05} + \frac{100}{(1+0.05)^2} + \frac{100}{(1+0.05)^3} + \frac{100}{(1+0.05)^4} + \frac{100}{(1+0.05)^5} = 432.95$$

也就是说，这种股票的分红收入的贴现现值为432.95日元。这种现值的计算方法，在企业投资新工厂等时，可以用于项目收支的计算。

比如，企业正在考虑是否要收购另外一家公司。这时就需要通过比较收购所带来的收益和成本来作出决策。计算收购带来的可期待收益时就要用到现值。如果收益的现值超过成本，则可以进行收购。可期待收益的现值减去成本之差称为**净现值**（NPV）。投资净现值大于零的项目可以获得利润。

(三) 股价的确定

现值的概念也可用于股票及土地等资产价格的计算。在此之前，我们先来看一下持有股份到底是怎么回事。股东对企业拥有**表决权**和**股利分配请求权**这两项权利。所谓表决权是指股东拥有通过股东大会对企业进行的重要决策投票的权利。对董事的选任、重要资产的买卖等企业的重要决策,具有投票的权利。股利分配请求权则指把企业的利润作为红利接受分配的权利。在考虑股价时,股利分配请求权是很重要的。

股票的价值可以认为是"从这个股票中所获收益的现值的合计"。在股票中,股利收入和资产收益是收益的基础,如果股利收入是主要的部分,那么股价该如何确定呢?考虑这一问题时,可以用现值的概念。因为股票价格是持有股票的人所得到的股利收入的现值的合计,所以假设股价为 P_s,股利为 D,贴现率为 r,可以表示为以下的公式。这里我们假设每年的股利是一个定值,并且这个公司将永远存在。

$$P_s = \frac{D}{1+r} + \frac{D}{(1+r)^2} + \frac{D}{(1+r)^3} + \cdots + \frac{D}{(1+r)^n} + \cdots$$

两边分别乘以 $(1+r)$,则:

$$(1+r)P_s = D + \frac{D}{1+r} + \frac{D}{(1+r)^2} + \cdots + \frac{D}{(1+r)^{n-1}} + \cdots$$

这个公式减去 $P_s - (1+r)P_s$,得到以下公式:

$$rP_s = D$$

变形后如下:

$$P_s = \frac{D}{r}$$

根据这个公式可以看出,股价是由股利和贴现率决定的。很明显,股利越高的企业股价也越高,而贴现率越高股价越低。像这样股价由股利和贴现率来决定的模型就称为股利贴现模型。

上述假设都是基于分红率是个定值。但是,可以预见到随着企业发展,利润额也会增长。既然如此,那么投资者们该看好什么样的企业的股价呢?可以用**股息定率增长模型**来分析这个问题。

假设股息 D 每年都在以一定的比率 g 在增长,$0<g<1$。也就是说,每年的分红额可以表示为以下形式:

$$D, (1+g)D, (1+g)^2 D, \cdots$$

这时,每年的股息收入的现值可以表示为:

$$\frac{D}{1+r}, \frac{(1+g)D}{(1+r)^2}, \frac{(1+r)^2 D}{(1+r)^3} + \cdots$$

如上所述,因为股价是股利收入现值的总计,所以股价用 P_{S2} 表示,D 是股息,g 是股息增长率,r 是贴现率的话,股票价值可以用下面的等式来表示:

$$P_{S2} = \frac{D}{1+r} + \frac{(1+g)D}{(1+r)^2} + \frac{(1+r)^2 D}{(1+r)^3} + \cdots$$

在这个等式两边加上$(1+r)/(1+g)$，可以得到以下等式：

$$P_{S2}\frac{1+r}{1+g} = \frac{D}{1+g} + \frac{D}{1+r} + \frac{(1+g)D}{(1+r)^2} + \cdots$$

从这个等式求$P_{S2}((1+r)/(1+g)) - P_{S2}$，经过变形可以得到：

$$P_{S2} = \frac{D}{r-g}$$

要注意的是，这个等式是以$r > g$为前提的。从这个等式可以看出，与股息一定的情况相比，股息增加时股价也会变高。

比如，假设股息$D = 20$，贴现率$r = 0.05$。股息一定时，股价为$D/r = 20/0.05 = 400$。而当股价以每年1%的比例增长时，股价则为$D/(r-g) = 20/(0.05-0.01) = 500$。

这些模型不仅仅适用于分析股价，也同样可以应用于会产生收益的资产，如收益性房地产。收益性房地产每年都能带来一定的房租收入。可以认为，这种房地产的价值是将来房租收入的现值合计。此外，让我们来考虑一下收购企业这件事。收购某家企业是指购买获得这家企业将来所创造的收益的权利。这个权利的价值，可以认为是该企业将来创造的收益的现值合计。如上分析，这一模型可以用来说明带来收益的资产的价值。

二、微观经济学中的企业理论

(一) 成本曲线

这一节中我们将介绍微观经济学中的企业理论。在微观经济学中，企业负责生产活动。成本曲线也可以理解为企业投入生产要素产出生产物这样一种抽象关系。这里我们不考虑股东和经营者的存在，把企业看作一个黑匣子。

企业生产产品时会发生成本。**总成本**(Total Cost)可以分为**固定成本**(Fixed Cost)和**可变成本**(Variable Cost)。固定成本是指不受产量影响的成本，可变成本是指根据产量的变化而增减的成本。总成本与固定成本、可变成本之间的关系可以表示为以下公式：

$$总成本(TC) = 固定成本(FC) + 可变成本(VC)$$

比如，一家制造业的企业在租借的土地上有一家工厂。假设工厂的土地租金与销售额无关，需要每年支付固定金额。由于这时的租金是固定的，属于固定成本。产品的原材料成本等会随着产量的增加而增加，所以属于可变成本。此外，产量增加时劳动力的投入也需要增加，所以劳动力成本也属于可变成本。

总成本与产量的关系如图 5-1 所示。横轴为产量,纵轴为总成本。这个曲线就称为**总成本曲线**。就算产量为 0,也会产生固定成本,所以截距大于 0。随着产量的增加,成本也会增加,所以总成本曲线向右上方倾斜。这里需要注意的是,总成本曲线并不是一条向右上方倾斜的直线,而是呈逆 S 型。这表示刚开始时随着产量的增加,单位产品的成本降低,但超过某一定量的产量后,单位产品的成本将增加。从这个图可以看出总成本可以表示为产量的函数。这个函数称为成本函数。逆 S 型的总成本曲线是微观经济学中的标准性假设。

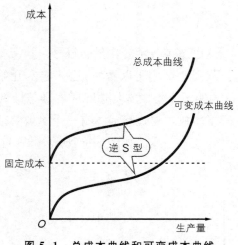

图 5-1 总成本曲线和可变成本曲线

(二)平均成本、边际成本、平均可变成本

每一单位产品的生产成本称为**平均成本**(Average Cost)。平均成本可以表示如下:

$$平均成本 = \frac{总成本}{生产量}$$

平均成本 AC 是图 5-2 中连接原点与总成本曲线上的点的直线与 X 轴形成的倾斜角。从图 5-2 中可以看出,产量增加的话单位产品的固定成本会减少,所以平均成本也会实现一定程度的降低。但是当产量超过一定量时,平均成本也会增加。

在现在的产量上追加 1 单位生产时产生的成本称为**边际成本**(Marginal Cost)。边际成本可以表示为:

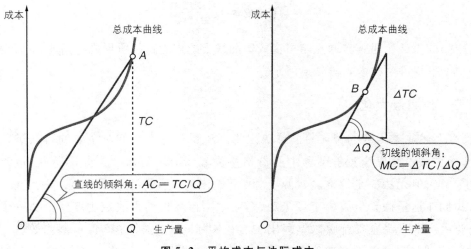

图 5-2 平均成本与边际成本

$$边际成本 = \frac{\triangle 总成本}{\triangle 生产量}$$

这里△是表示变化量的符号。边际成本 MC 在图 5-2 中是总成本曲线切线的倾斜角。从图 5-2 中可以看出,边际成本开始虽然会减少,但随着产量的增加也会增加。图 5-2 表明了平均成本与边际成本是怎样表现的。

平均成本与边际成本有一个重要特征,即当处于平均成本最小的生产量时,边际成本与平均成本一致。如图 5-3 所示,可以看出,当位于平均成本最小的点时,平均成本=边际成本。

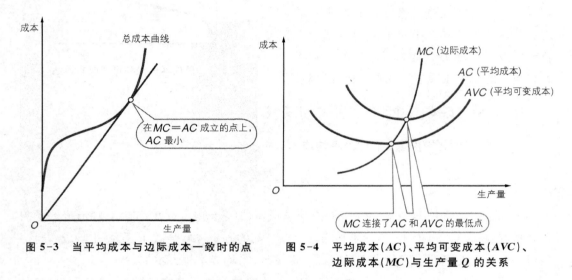

图 5-3 当平均成本与边际成本一致时的点

图 5-4 平均成本(AC)、平均可变成本(AVC)、边际成本(MC)与生产量 Q 的关系

此外,平均可变成本(Average Variable Cost)是指单位产品的可变成本。平均可变成本可以用以下公式表示:

$$平均可变成本 = \frac{可变成本}{生产量}$$

平均可变成本 AVC 是连接原点与可变成本曲线上的点的直线所形成的角度。边际成本、平均成本、平均可变成本如图 5-4 所示。

(三) 利润最大化

具有上述成本函数的企业将怎样决定生产量呢?这里我们对企业的行动进行两个假设。一个假设是完全竞争市场中的价格接受者(Price Taker)。也就是说,企业可以决定生产量,但无法决定价格。实际上,大企业在某种程度上还是有价格决定能力的。但是,我们在这里假设价格由市场决定,企业根据市场价格来决定生产量。另一个假设是,企业生产的产品全部都可以销售出去。在实际的企业中,生产量=销售量这一等式并不成立。但是,这里不存在产品差异,因此我们假设生产出来的产品可以全部销售出去。

企业决定为使利润最大化的生产数量,这就称为利润最大化。利润 π 是指收入减去成本之差。

$$利润 = 收入 - 成本$$
$$\pi = PQ - TC$$

这里,P 表示产品价格,Q 表示产量,TC 则为总成本。如图 5-5 所示,横轴表示产量,纵轴表示收入、成本、利润。收入是从原点向右上倾斜的直线。产量为 0 时,收入也为零,所以它通过原点。价格是一定的,所以单位产品的收入也是一定的,成为向右上倾斜的直线。成本像之前的说明一样,是一条逆 S 型的曲线。

像图 5-5 中点 Q_2 的右侧那样,收入高于成本时,实现正利润(黑字)。相反,像点 Q_2 左侧那样,收入位于成本下方,则是负利润(赤字)。针对不同的产量,计算利润 $\pi = PQ - TC$ 后画出的即为图中的 π。可以看出,产量低于 Q_2 时将会赤字,大于 Q_2 时则实现黑字。企业决定产量时追求利润最大化,所以收入>成本,且收入与成本间的距离最大的点 Q_1 成为最佳点,即这时的产量为 Q_1。

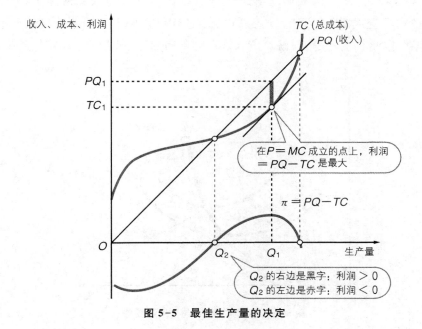

图 5-5 最佳生产量的决定

(四) 企业的供给曲线

企业实现利润最大化的最佳条件是什么呢?如图 5-5 所示,收入与成本间的距离最大时,总成本曲线的切线的角度等于表示收入的直线的角度。总成本曲线的角度是边际成本,表示收入的直线的角度是价格(P),所以企业实现利润最大化的条件可以表示为:

$$P = MC$$

即当价格等于边际成本时,企业实现利润最大化。

假设现在产品价格 $P=100$ 日元。由于企业是价格接受者(Price Taker),所以决定产量时要尽量使 $MC=100$。如果 $P=100$,$MC=80$,这时企业该怎么办呢?如果追加生产 1 单位的产品会有 100 日元的收入,但同时也会产生 80 日元追加的成本。也就是说,追加生产 1 单位的产品时会增加 20 日元的利润。因此,企业也许会增加产量,直到边际成本 100 日元等于价格。边际成本随着产量的增加而增加,所以在某个产量上实现 $P=MC$。这就是最佳生产量。

从上述讨论中可以看出,企业会根据 $P=MC$ 时的点来决定产量。这里重要的是企业是价格接受者这一点。如果价格上涨,企业会相应地调整产量以增加边际成本。边际成本随着产量的增加而增加,所以可以看出价格一旦上涨,企业就会增加产量。这样的价格与产量之间的关系就是供给曲线,即边际成本曲线与供给曲线一致。

价格 $P=$平均成本 AC 时的点称为保本点。价格高于保本点时,企业可以获得正利润,而低于保本点时就会产生损失。企业产生损失时该怎么办?有时就算已经产生了损失,也不会停止作业而是继续生产。以图 5-6 为例,价格高于停工点,即价格$(P)>$平均可变成本(AVC)。$P=AVC$ 时的点称为停工点。当价格低于停工点时,企业就会停止作业。也就是说,就算 $P<AC$ 出现赤字时,只要 $P>AVC$,企业就会继续生产。

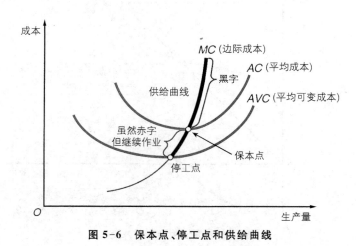

图 5-6 保本点、停工点和供给曲线

当价格满足 $AVC<P<AC$ 时,为什么企业就算赤字也要继续作业呢?我们假设价格 $P=80$,平均成本 $AC=90$,平均可变成本 $AVC=70$。这时,价格 $P<AC$,企业出现赤字但仍然继续作业。这是因为 $P>AVC$ 这一条件成立。价格高于平均可变成本时,单位产品的可变成本可以全部收回,并且还可以收回部分固定成本。不管企业的生产量是否增减,固定成本都是不变的。因此,企业就算赤字,也会为了收回部分固定成本而选择继续作业。

本节探讨的企业理论基于很多假设。完全竞争市场等的假设,乍一看也许是不现实的。虽说假设乍一看脱离现实,但这样的模型并非毫无意义。在思考能够反映现实的复杂模型前,构筑一个简单的模型是非常必要的。并且事实证明,我们能从简单模型中获得令人惊喜的启发。

(五) 从等式来看利润最大化

我们用等式再来看一遍上一节中讨论过的成本曲线与供给曲线的关系。这里会用到简单的微分概念,不熟悉微分的读者跳过不看也无妨。

企业利润 π 可以像上节中表示如下:

$$\pi = PQ - TC$$

P、Q、TC 分别表示价格、生产量、总成本。企业是价格接受者(Price Taker),所以无法自己决定价格 P。企业可以决定生产量 Q。由于总成本会随着生产量而变化,则可以认为总成本 TC 是关于 Q 的函数。也就是说,当企业决定生产量时,PQ 及 TC 是一定的,所以利润也是一定的。在此企业可以通过决定生产量 Q 以使利润 π 最大化。

这样的问题称为优化问题(Optimization Problem),在微观经济学和宏观经济学领域得到广泛运用。从数学角度看,利润 π 用生产量 Q 微分为 0 时,利润 π 最大。写成等式,利润最大化的条件如下所示:

$$\frac{\Delta \pi}{\Delta Q} = 0$$

左边的 $\Delta\pi/\Delta Q$ 是用生产量 Q 微分利润 π 的结果。生产量 Q 满足这一条件时利润最大。换言之,企业会决定生产量以满足这一条件。

我们再来具体看看左边的 $\Delta\pi/\Delta Q$。如上所述,$\pi = PQ - TC$,所以利润最大化条件的左边 $\Delta\pi/\Delta Q$ 可以表示为:

$$\frac{\Delta \pi}{\Delta Q} = \frac{\Delta (PQ - TC)}{\Delta Q} = \frac{\Delta (PQ)}{\Delta Q} - \frac{\Delta TC}{\Delta Q}$$

$\Delta(PQ)/\Delta Q$ 表示生产量变化 1 单位时,企业收入会发生多少变化。由于现在价格 P 是一定的,企业每增加 1 单位生产量时,收入增长量为 P,因此 $\Delta(PQ)/\Delta Q = P$。并且,$\Delta TC/\Delta Q$ 表示企业每增加 1 单位生产量时总成本的增加额,所以可以得出 $\Delta TC/\Delta Q = MC$。用上面的等式来表示利润最大化条件则为:

$$\frac{\Delta \pi}{\Delta Q} = P - MC = 0, \text{由此得到 } P = MC$$

如上所述,可以推导出与从图中得到的一样的利润最大化条件。我们来简单说明一下为什么 $\Delta\pi/\Delta Q$ 为 0 时利润最大。首先,$\Delta\pi/\Delta Q$ 表示生产量 Q 变化时的利润变化量。

因此，当 $\Delta\pi/\Delta Q>0$ 时，可以通过增加生产量来提高利润，当 $\Delta\pi/\Delta Q<0$ 时，又通过减少生产量来提高利润。而当 $\Delta\pi/\Delta Q=0$ 时，无论生产量怎样改变，都无法使利润增加。因此，$\Delta\pi/\Delta Q=0$ 是利润最大化成立的条件。

现在假设某种商品的价格为 100，边际成本为 50。此时，如果企业增加 1 单位生产量，收入就会增加 100，而总成本也增加了 50，所以此时利润增加了 50。也就是说，当价格大于边际成本时，企业可以通过增加产量来提高利润。我们再假设价格为 100，边际成本为 150。如果企业减少 1 单位生产量，则企业收入减少 100，但同时总成本也减少了 150，所以利润反而增加了 50。也就是说当价格小于边际成本时，企业可以通过减少产量来提高利润。

我们再来看看其他例子。假设企业的总成本曲线表示如下：

$$TC = 2 + \frac{Q^2}{2}$$

假设企业需要面对的价格 $P=4$。我们来分析一下此时实现企业利润最大化的产量是多少。由于价格是被规定好的条件，企业能决定的只有产量。如上所述，利润最大化条件为 $P=MC$。由于边际成本是用产量 Q 微分总成本 TC 的结果，所以可以得到以下等式。

$$MC = \frac{\Delta TC}{\Delta Q} = Q$$

因为价格 $P=4, MC=Q$，所以利润最大化条件为 $4=Q$，即利润最大化的产量为 4。由于价格 $P=4$，所以，此时的收入 $PQ=4\times 4=16$，总成本 $TC=2+Q^2/2=10$。因此，利润 $\pi=PQ-TC=16-10=6$。

为求谨慎，我们再来计算一下当产量分别为 3 和 5 时的利润。当产量为 3 时，$\pi=PQ-TC=12-6.5=5.5$。当产量为 5 时，$\pi=PQ-TC=20-14.5=5.5$。可见，当产量为 4 时，无论它如何增减，利润都会减少。

三、日本企业的特点

（一）日本企业与外国企业

报纸和电视等媒体的报道经常指出，外资企业及外资金融机构与一般的日本企业及金融机构有着不同的行为模式。媒体报道外资企业与日本企业相比较为合理，没有业绩便容易被解雇，但另一方面当员工业绩出众时也能得到巨额的报酬等。这些内容背后隐藏着一个观点，即日本企业与外国企业在企业的行为模式、组织结构上是不是存在着差异。

那么，日本企业的行为模式、组织结构与外国企业相比有些什么差异呢？在本节中，对人员聘用和金融方面上的日本企业的特点进行说明。另外，日本有着各种各样的企业和组织，它们分别有着自己独特的组织结构和战略。本节中主要针对上市企业进行探讨。

（二）从雇用看日本企业

日本企业在雇用制度方面自古以来就具有很大的特点。"长期雇用"和"年功工资"是经常被提到的两大特征。这些特征是不是真的只存在于日本，是不是出现了变化呢？近年对这一系列有关问题出现了很多实证研究，以及对这些特征对企业的业绩和生产率会产生怎样的影响等问题也展开了广泛的分析。

在思考雇用制度时，重点在于激励（Incentive）机制方面。激励也有动机、诱因、提高积极性等含义。激励是一种机制，它通过报酬等方式，引导员工及企业的行动朝一定的方向努力。比如，比起固定工资，绩效工资制度就更能激励员工的工作热情。在思考雇用制度时，考虑给予员工怎样的激励是非常重要的。

日本的特点被认为是长期雇用。长期雇用按照字面意思解释就是长期在同一家企业工作。另外还有一个词称为"终身雇用"。"终身雇用"按字面意思解释的话，是一直在同一家企业工作，但其实这样的合同几乎是不存在的。实际上，就算是在日本，也一样经常会有企业在破产或陷入危机时解雇员工。

长期雇用的优点和缺点分别是什么？从企业的角度来看可以指出以下缺点：营业额减少时，企业可能会觉得劳动力过剩，就算没有足够多的工作企业也需要向劳动者支付工资，所以可以通过解雇劳动者来提高利润。但是在长期雇用的制度下，企业解雇员工并不是一件容易的事。因此可以说，企业会负担多余的劳动力是长期雇用的一大缺点。

那么，长期雇用又有怎样的优点呢？从员工的角度来看，长期雇用的优点是显而易见的。没有一个员工希望自己突然被企业宣布解雇或劝退。只要不是自己想提出辞职，就想要在企业里一直工作下去。从这个角度来看，长期雇用对员工是非常有好处的。

从企业来看，长期雇用的好处何在？可能就是容易对员工进行教育培训这一点吧。为了提高企业的生产率，对员工的教育培训是不可欠缺的。教育培训有时会采取研修、课程等形式，有时也会一边工作一边接受培训。在第一线工作的同时学习掌握技能，这种形式称为在职培训OJT(On the Job Training)。而脱离职场以课程等形式学习掌握技能的方式称为脱产培训Off-JT(Off the Job Training)。企业为什么要承担费用对员工进行教育培训呢？这是因为员工技能的提高，将来会使企业的生产率、业绩获得提高。长期雇用制度就是在这个前提下存在的。如果不知道员工什么时候会离职，那么企业大概就不会对教育培训进行投资了。在员工身上的投资不能白费，企业和员工双方都共有这样一种期待时，教育培训就容易进行了。换言之，可以说长期雇用成立时，就容易对员工进行教育培训。

通过教育培训掌握的技能有两种，一种是企业特殊技能，另一种是一般技能。企业特殊技能是指在这家企业里能够提高生产率，而在其他企业里就没有这种效果的技能，比如在商业上较少使用的特殊语言能力，某企业独家经营的产品的相关知识等。一般技能是指在任何企业都能提高生产率的技能，如英语能力及财务知识等，在任何企业都是有用的。这些知识就称为一般技能。日本企业与美国企业相比，普遍认为企业特殊技能较为发达。这与日本企业一般采用长期雇用制度这一点是吻合的。

日本用人的另一个特征是年功工资制度。年功工资是指随着年龄及连续工龄的增长，工资也会增加。一般来说，在日本，企业统一录用大学和高中毕业生。统一录用之后，在企业接受教育培训，体验轮岗。连续多年工作后工资也会不断增加。从结果上看，随着年龄、连续工龄的增长，工资也不断增加。

年功工资具有怎样的优缺点呢？如果年功工资是一种随着年龄工龄增长工资自动增加的制度的话，就存在着很大问题。如果努力提高业绩的员工和不努力业绩很差的员工，两者的工资都会同样上涨的话，员工就不会努力工作了吧。无论技能提不提高工资都不变的话，也没有员工想要去提高技能了吧。为了提高企业的生产率，员工努力提高技能是不可欠缺的。妨碍员工技能提高与努力的制度也会阻碍到企业的生产率的提高。也就是说，根据年龄及连续工龄工资自动增加的年功工资制度，会阻碍到员工的努力及技能提高。

但是，实际上工资并不是完全由年龄以及工作年限自动决定的。在现实中，确实存在着年纪越大的劳动者工资越高的现象。但这并不意味着，工资是由年龄来决定。很多企业里，工资是由能力决定的，即越有能力的员工工资越高。在大多数情况下，年龄和连续工龄越长的员工能力也越强。因此，从结果上看，随着年龄、连续工龄的增长，工资也就变高了。如上所述，实际上年功工资背后有着根据能力来决定薪酬的思想。

根据能力决定工资这种工资体系有着怎样的优点呢？如果工资由能力决定，员工为了获得高工资，就会有努力学习掌握技能的动力。也就是说，员工会积极参加教育培训，自己努力学习业务内容，提高能力。正如我们反复论述的那样，员工的技能提高对企业的业绩提升是必不可少的。可以说，员工积极地提高技能对企业而言是有很大好处的。

年功工资的另一个优点是，可以激励员工在公司长期工作下去。随着连续工龄增长，工资也不断增加，换言之，如果跳槽工资就会下降。因此，比起跳槽，员工更希望可以在同一家企业连续工作下去。这也就带来了长期雇用制度的形成，企业也就可以享受上述的长期雇用的优点。从这些分析可以看出，年功工资制度对企业而言也是具有好处的。

近年，开始出现这样的观点，即在日本企业的组织结构大幅变动中，日本的雇用制度是否出现了巨大的变化。尤其是出现了上述日本的雇用制度的规模有点变小了的观点。事实上很多企业对雇用制度进行了改革。在管理阶层，年龄和薪酬的关系出现了弱化。另外，事实上不是以正式员工，而是作为非正式员工工作的人员数量也增加了。另一方面，重视传统的对从业人员进行技能开发这种制度的企业也很多。现在，日本传统的雇用制度正在发生怎样的变化，这是一个极为受人关注的研究话题。

(三) 从金融方面看日本企业的特点

企业的主要生产要素是资本和劳动力。我们已经讨论了关于劳动力的特点，接下来看一下日本企业在资金筹集方面的特点。

股份制公司在筹集资金时大致有两种方法。一种是发行股票，在股票市场上从投资者手中直接吸引资金。另一种方法是从银行等金融机构贷款。以下是传统的日本大企业的两个特点：(1) 经营者较少关注到股东的需求；(2) 企业与银行关系紧密。

日本的经营者经常被指责不重视股东利益。如果这一问题属实，那么经营者为什么没有重视股东利益呢？本来董事会是通过股东大会选举而产生。还有，股东大会有免除董事会的权限，很多股东期待股东大会在经营方面重视股东利益。但是，股东尤其是个人股东面对经营者，只有一点点发言权。这是因为经营者通过交叉持股的方式，确保了多数股东。

股东的影响力较弱，并不等于经营者可以完全自由地对企业进行管理经营。企业业绩恶化时，被称作主管银行的主要往来银行会介入，除了在金融方面给予支援外，在经营方面也会进行企业重建，这样的机制会发挥作用，即对于陷入危机的企业进行各种各样的支援，同时也会采取措施恢复业绩。具体来说，银行在进行融资，帮助解决当前的资金燃眉之急的同时，还会通过游说其他银行的方式，减免利息，延期还款，放弃债权等。另一方面，由银行派出干部，接替原来的经营者。并且，通过进行资产变卖、缩减业务、裁减人员等措施谋求业绩改善。像这样，以主管银行为中心挽救危机企业的机制就开始运作了。主管银行除了进行融资、派遣干部外，往往还持有企业的股份。

这样的主管银行监督企业，在业绩恶化时介入的机制具有怎样的优缺点呢？就优点而言，像上述的那样，对企业的业绩改善具有贡献。为了使大企业能够高效经营效率，对经营者的监视功能是必要的。主管银行对经营者的监督功能被认为发挥了作用。

但是，也有意见指出，1990年以后，主管银行渐渐失去了作为经营者监督机构的功能。其背景是，随着金融的自由化、国际化，企业的资金筹集手段也呈现多样化。企业就算不依赖银行，也能在资本市场及海外筹集到资金，所以银行介入企业经营变得困难了。

像主管银行那样，为了使经营者高效运营企业而形成的机制就称为企业治理（Corporate Governance）。选任有能力的经营者，激励他提高业绩，监督经营者，当业绩恶化时介入，更换经营者，通过这些方式来改善业绩，是企业统治的职能。如上所述，虽然日本的主管银行一直被认为具有企业治理的机能，但近年来不断被指出其影响力有限。

另一方面，在美国，股票市场作为企业治理的机制在发挥作用。在美国，当企业业绩恶化时股价就会下跌。股价下跌，股票市场上企业的价值就会减少，这家公司被其他公司及投资家恶意收购的可能性就会增加。成为恶意收购对象被收购时，经营者会被替换，还会变卖资产、裁减人员等。像这样，股价一旦下跌，经营者就会置身于被收购的危机中。

经营者为了不成为恶意收购的目标，必须要维持股价。从结果上而言，由于股票市场上存在着恶意收购，激励着经营者不断努力提高股价。

近年来，日本企业的企业治理发生了很大变化。银行持有企业股份的比例在逐渐减少。大企业中，外国人持股比例超过50%的企业越来越多，由外国人担任社长等管理层的企业也并不少见。有人指出，这些变化的结果是日本企业不再重视员工和银行的利益，变得更加重视股东的利益。有很多专家密切研究这些变化将会给企业的行动和业绩带来怎样的变化。

1. 假设某企业的股价是2 000日元。请回答以下问题。
   (1) 这家公司每股分红50日元，假设它将无限地给出50日元的红利，这时根据股利贴现模式，股价将会是多少？假设贴现率为5%，现在的股价与根据股利贴现模式预测出的股价相比是偏高还是偏低？
   (2) 当贴现率为2.5%时，根据股利贴现模式，股价是多少？

2. 下表表示了某企业的生产量（Q）与边际成本（MC）、平均成本（AC）、平均可变成本（AVC）之间的关系。请根据下表回答以下问题：
   (1) 假设产品价格$P=20$，请分别算出当生产量$Q=10$、12、14时的利润。
   (2) 当价格$P=20$时，实现利润最大化的生产量是多少？
   (3) 当价格$P=9$时，实现利润最大化的生产量又是多少？
   (4) 这家企业的供给曲线呈怎样的形状？

Q	MC	AC	AVC
7	1	8.5	5.16
8	2	7.57	4.71
9	5	7.39	4.75
10	9	7.44	5.22
11	14	8.5	6.1
12	20	9.18	7.36
13	27	10.6	9
14	35	12.5	11
15	44	14.7	13.3
16	54	17.4	16

3. 本章中讨论的日本企业的特点,在近年来发生了怎样的变化?

   (1) 请调查最近的统计,总结出根据性别不同和年龄不同,连续工龄及离职率是怎样变化的?

   (2) 最近的企业破产事件中,银行起到怎样的作用? 请以一家企业为例进行概述。

第六章
从宏观统计看日本经济

宏观经济学，是贯穿经济整体，为了改善经济状态而研究其对策的学科。它与关注构成经济活动的单个主体及市场的微观经济学不同，其分析视点在于整个宏观经济。因此，需要从宏观上关注经济动向，以经济增长、经济波动、物价水平变动等作为主要分析对象。

宏观经济现象，可以通过 GDP、物价水平、就业及利率等计量一个国家或地区整体经济的数据——宏观经济指标来进行观察。并且，通过关注 GDP、物价水平、失业率、利率等统计量之间的关系，可以看出经济活动整体处于什么水平，以及是怎样发生变化的。

这里我们先对 GDP 的概念进行说明，它是学习宏观经济学的预备知识，是从数量上表示一个国家经济活动的代表性指标。然后，在概括介绍日本经济近年来的发展历程及现状的同时，从主要的宏观经济指标对作为宏观经济学分析对象的经济现象进行说明。

☑ 关键词

GDP	附加价值	中间产品	最终产品
总供给	总需求	三面等价原则	GNP
名义与实际	GDP 平减指数	存量与流量	国家财富
经济增长与景气循环	高度经济增长期	物价指数	消费者物价指数
企业物价指数	通货膨胀	通货紧缩	滞胀
自发性失业	非自发性失业	摩擦性失业	失业率
循环性失业	结构性失业	非正式雇佣	利率（利息）
货币供应量	贷款利率与存款利率	折借利率	M2＋CD
封闭经济与开放经济	汇率	经常性收支	经常海外盈余

一、何谓 GDP

从数量上表示一个国家经济活动的最具代表性的指标的国内生产总值被称作 GDP(Gross Domestic Product)，但是它不是国内制造的所有生产物金额的单纯叠加，而是指一个国家在一定期间内所生产的**附加价值**的总和。

（一）附加价值

我们先来看附加价值的概念。为了简单易懂，我们假设某个国家的产业由农户、面粉生产商及面包生产销售商这三者构成。假定农户收获小麦，面粉生产商将农户收获的小麦作为原材料生产小麦粉，面包生产销售商把面粉生产商生产的小麦粉作为原材料制作面包，并卖给消费者。为了简便起见，我们假设农户生产小麦的原材料为零。

假设各自生产过程中的销售额分别是：农户销售小麦 10，面粉生产商销售面粉 20，面包生产销售商售出面包 40（见图 6-1）。

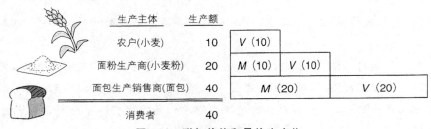

图 6-1　附加价值和最终生产物

这时，每一个生产者所产出的附加价值 V 就等于销售额（即生产额）扣除生产中所使用的原材料等**中间产品**的费用即中间投入额 M。也就是说，作为 GDP 根本的附加价值，是指在生产活动中新产生出来的价值。

各个阶段的生产额总和为 $10+20+40=70$，其中包括了各个生产阶段中进行生产时所使用的前一阶段生产物的价值总和。因此，在计算生产活动的成果时，需要从这 70 当中减去中间投入额的总和（$10+20=30$）。减去中间投入额总和之后剩下的 40 就是各个生产阶段中新产出的附加价值 V 的总和。

这个金额就等于这个国家**最终产品**面包的生产额 40。所谓最终产品，是指像面包那样，不会再在其他产业中作为中间产品被利用，而是作为消费及投资（之后将会进行说明）等最终需求对象的产品。像这样，各个生产阶段中产出的附加价值总和就反映在最终产品的生产额上。因此，可以把 GDP 定义为，一个国家在一定期间内（通常为一年）产出的最终产品的总和。即：

GDP＝附加价值总和＝最终产品的生产额总和

这也表示了宏观经济的供给量总额,即**总供给**。

(二) 三面等价

生产活动中新产出的经济价值,会根据参与生产活动的各种生产要素的贡献,以工资、地租、利息、利润等收入形式进行分配。因此,国内产出的附加价值总和 GDP 应该等于同一时期国内进行各项生产活动的各个经济主体的收入总和。各个产业产出的附加价值,比如说,上一节的例子中,也许面包生产销售商会将附加价值 20 中的 10 作为工资支付给员工,剩下的 10 分配给自己及其他出资者。像这样从收入分配的角度来看 GDP 时,我们就把它称为 GDI(Gross Domestic Income,国内总收入)。

此外,这个例子中的附加价值总和 40,与生产过程最终阶段的产品销售额,即消费者对最终产品的支出额是一致的。对最终产品的支出总和也就是从支出的角度来看的 GDP,称为 GDE(Gross Domestic Expenditure,国内总支出)。GDE 表示宏观经济的**总需求**。因为支出就是购买生产出来的产品,所以基本上 GDE 等于 GDP。要使 GDP＝GDE 成立,生产出来的产品必须全部成为支出对象。但是,实际上可能会有卖不出去的情况,它会使企业的非自愿库存增加(库存投资),这时就把它暂且作为支出的一部分,事后 GDP 会等于 GDE。

因此,在生产、收入(或者分配)、支出这三者之间成立以下关系:

GDP(国内生产总值)＝GDI(国内总收入)＝GDE(国内总支出)

这一关系就称为三面等价原则。

从表 6-1 中可以看出,日本 2012 年的 GDP 约为 474 兆日元。首先从支出角度来看 GDE,它被分为居民消费、政府消费、国内投资、净出口(出口－进口)四项。从构成比例来看,居民消费(居民最终消费支出)占了一半以上,成为最大的需求项目。其次国内投资(国内总资本形成)约占 21%。如果将国内投资分为民间和政府,那么根据支出主体的不同,也可以分为民间部门、政府部门、海外部门。

此外,从分配角度来看 GDP 的话,可以看出支付给工薪人员等员工报酬的总额即员工收入占了一半以上。企业等从经济活动中获得的利益总额和个体经营者收入(混合收入)不到 20%。

最后,从生产角度来看 GDP,可以清楚地看出不同产业产生的附加价值的比重,也可以看出日本服务业及金融保险业、不动产业、批发零售业等非制造业的 GDP 所占比重较高,2012 年制造业仅仅只占 18.1%。

表 6-1　日本的名义 GDP 和三面等价 2012 年（平成 24 年）

生　产

从生产角度来看 GDP	金额（万亿日元）	构成比（%）
1 产业	416.7	88.0
农林水产业	5.7	1.2
矿业	0.3	0.1
制造业	85.6	18.1
建筑业	26.7	5.6
电力、煤气、自来水业	8.1	1.7
批发、零售业	68.1	14.4
金融、保险业	21.6	4.6
不动产业	56.9	12.0
运输、通讯业	50.0	10.5
服务业	93.8	19.8
2 政府服务生产者	43.5	9.2
3 其他	14.2	3.0
4 统计上的差异	(0.6)	0.1
GDP（国内生产总值）	473.8	100.0

支　出

从支出角度来看 GDP	金额（万亿日元）	构成比（%）
1 民间最终消费支出	287.7	60.7
2 政府最终消费支出	96.9	20.5
3 国内总资本形成	98.5	20.8
(1) 总固定资本形成	100.1	21.1
(2) 库存增加	−1.5	−0.3
4 商品、服务的净出口	−9.4	−2.0
(1) 出口等	69.8	14.7
(2)（扣除）进口等	79.2	16.7
GDE（国内总支出）	473.8	100.0

分　配

从分配角度来看 GDP	金额（万亿日元）	构成比（%）
1 雇员收入	245.8	51.9
2 营业盈余、混合所得	90.7	19.1
3 固定资本损耗	100.6	21.2
4 间接税（生产、进口品税）	37.4	7.9
5 统计上的差异	−0.6	−0.1
GDI（国内总收入）	473.8	100.0
从海外的净要素收入	15.0	3.2
GDE（国民总收入）	488.8	103.2

出处：日本内阁府经济社会研究所主页。

产业结构转化与经济软化

高度经济增长带来了以重化工业为主的第二产业的扩大。但是,20世纪80年代以来,第二产业的比重除去节约资源能源型产业以外,无论是生产额还是就业人数都保持不变或是减少,而第三产业的比重则不断上升。一般来说,随着经济发展与实际收入的增加,劳动力的产业间构成会呈现出从第一产业向第二产业,然后从第二产业再向第三产业转移的趋势。

第三产业中除去电力、煤气等能源供给产业后,是广义上的服务产业,服务业比重的增加称为经济服务化。与经济服务化同时进行的是经济软化。软这个词是指知识、信息、技术、创意等,比起商品(硬)本身,赋予商品的软价值比重增加,这就是经济软化。软化不仅仅出现在第三产业,在制造业特别是加工组装型产业也存在。

促进经济服务化、软化发展的主要因素之一是以电子技术为中心的现代技术革新。计算机信息处理能力的飞跃性提高,以精细陶瓷为代表的新材料的研发,以及在医药品及食品行业中的生物工程技术不断发展,这些先进技术正在改变着农业等传统的产业概念。此外,电子技术在信息、通信领域的运用,互联网带来的发达通信网络,以及信息通信的多媒体化也在改变着社会本身。

(三) GDP 与 GNP

GDP 限定在国家这一地理界限内测定一国的生产活动规模。不管生产活动的主体是不是这个国家的居民,它表示在"国内"所产出的附加价值的总和。日本的 GDP 包含外国企业在日本国内的生产活动,但不包括日本居民得到的来自国外的投资收益、利息及工资等。

与此相对,GNP(Gross National Product,国民生产总值)着眼于"国民"(并非国籍上的国民,一般指在该国居住一年以上的居民)的生产活动。进行生产的场所不管是在国内还是国外,所有日本居民的生产活动全都属于日本的 GNP,日本人的对外投资收益也包括在内。相反,就算外国人持有日本企业的股份,享受分红,这一部分不属于日本的 GNP。

随着日本经济的国际化,与国外的利息、分红交易迅速发展,使 GNP 发生了巨大变化,与国内经济实际情况产生背离。因此,以不包括国际交易的 GDP 作为经济活动规模的指标显得更加恰当。人、物、钱在国际性流动中,经济活动主体的"国籍"变得不重要,于是 1993 年政府将主要指标从 GNP 变为 GDP。

GNP 与 GDP 间的关系是 GNP＝GDP＋（来自国外的要素收入－对国外的要素收入）。海外收入是向海外提供的生产要素所支付的报酬，由工资等"劳动报酬"及利息、分红等"资本报酬"构成。最近，GNP 的规模超出 GDP，2012 年 GNP 和 GDP 之差为 3％以上。随着世界经济一体化，海外收入膨胀，GNP 过去的对外投资也已进入收获期，说明日本经济在不断走向成熟。

（四）名义 GDP 与实际 GDP

用测定时点的市场价格来评价产品和服务的生产额的 GDP 称为名义（Nominal）GDP。但是，比较不同时期的 GDP 及附加价值大小时，用一个不受市场价格影响的数值则比较理想。这是因为，名义数值的变化是由价格变化及数量变化构成的，因此要从时间序列上来考察经济活动水平的实质性变动的话，就需要用扣除物价变动的**实际（Real）GDP** 这一数值。

实际 GDP 与名义 GDP 同样是用金额单位来表示的，但并不是用实时变化的市场价格，而是采用固定一个基准时间的价格来进行计算的。但是，这种固定基准方式会带来过度评价价格下跌的问题，所以从 2004 年开始转变为每年更新基准年的系统方式。

另外，用名义 GDP 除以实际 GDP 计算出的结果称为 **GDP 平减指数**。它是一个表示 GDP 计算对象的所有产品服务的价格动向，即物价动向的重要指标。

（五）存量与流量

在统计国民经济规模时，有**存量**和**流量**两种角度。从流量角度来看，可以看出在一定期间（比如一年）内发生了多少经济活动。用数字来表示国民经济的全体活动水平的流量变量是 GDP、GNP 等的指标。

从另一个存量的角度来看，可以知道一直以来的经济活动在某一个时点上积累了多少财富。一个国家的存量被称作国家财富，由个人、企业、国家及地方政府所拥有的住宅、建筑物、机器设备及社会资本（道路、下水道、公共设施）等有形资产和对外净资产组成。

二、经济增长与景气变动

经济增长是反映在较长时间里经济整体，特别是数量上规模扩大的现象。一般可以通过收入水平的持续增加以及实际 GDP 的年增长率［也就是经济增长率＝（今年的 GDP－去年的 GDP）÷去年的 GDP×100］来把握。

景气变动则以几个月到几年的较短时间作为对象，观察经济活动是否活跃。这一上上下下的波动相当有规律，呈现出周期性变化，所以可以把它看作近似于循环，就称为**景气循环**。一个景气循环可以分为扩张期和收缩期（也称衰退期）。从扩张期到收缩期的转折点称为景气顶点,从收缩期到扩张期的转折点称为景气谷底。从一个谷底到下一个谷底就是一个循环。根据日本内阁府发表的景气基准日,至 2012 年年末(暂定)战后已完成了 15 个循环。

经济活动活跃时,生产增加,所以景气变动会反映在实际 GDP 的变化上,也可以通过表示景气的变化方向及转折点的景气动向指数(DI)等景气指标(景气指数)来把握。

图 6-2 显示了战后日本的实际 GDP 及其增长率的变化,其值在短期内有了很大的变化,出现了经济活动水平的周期性波浪运动——景气循环。经过战后重建期从 20 世纪 50 年代后半期到 1973 年的"第 1 次石油危机"为止的经济高度增长期阶段,虽然经济繁荣期和萧条期反复出现,但是增长率仍保持着 10% 的高度经济增长期,因为前半期的企业旺盛的设备投资和后半期的出口增加,日本迅速进入了发达国家的行列,1968 年 GNP 位列资本主义国家第二。

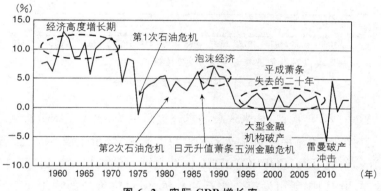

图 6-2　实际 GDP 增长率

1973 年,受到第一次石油危机的影响,经济增长率出现短暂下滑,之后的时间里,增长率没有恢复到原来的高水平,只停留在 4% 左右的平稳水平,到了 20 世纪 80 年代后半期,在泡沫经济的刺激下,一度超过了 6% 的水平。但是,20 世纪 90 年代初,泡沫破裂后增长率为 0,甚至经历了几次负增长,经济持续低迷。这段时间被称为"失去的 20 年"。

三、物价变化

所谓物价,并不是特指某个物品的价格,而是综合地来看商品、服务价格,用来把握社会整体价格的总体的、平均的趋势。它的变化会给人们的生活带来巨大影响,并且通过物价变化,收入也会受到较大影响,所以它是一个重要的宏观经济指标。

其实,物价并不是通过物价水平本身,而是通过**物价指数**来把握其变化的。物价指数,是以某个时间点为基准(=100),平均计算出这一时间点前后的商品、服务价格变化,以上升率的形式来表示与基准时相比的变动。物价指数包括以一般消费者购买的标准性商品为中心的**消费者物价指数**(CPI,Consumer Price Index),及以企业间进行交易的商品为中心的**企业物价指数**,以及前面说明过的 GDP 平减指数等。

让我们通过与形成 GDP 的商品、服务有关的一种综合性物价指数——GDP 平减指数的上升率来观察物价变动的趋势(图 6-3)。

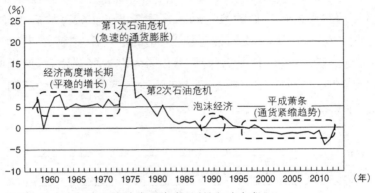

出处:日本内阁府经济社会研究所《国民经济年报》。

图 6-3　GDP 平减指数上升率

从 20 世纪 60—80 年代,总体来说总需求超过总供给,出现了物价持续上升的**通货膨胀**(Inflation),其中 1974 年由于第 1 次石油危机的影响,物价上涨率甚至高达 20% 以上。这被称为"疯狂物价"。此后,OPEC 加盟国先后上调原油价格,并且由于 1979 年年初的伊朗革命导致原油出口中断引发第 2 次石油危机,但对物价的影响比第 1 次石油危机时要小得多。

1986 年前后开始的泡沫经济使股价、地价飙升,但政府采取了优先稳定物价的政策,所以 20 世纪 80 年代后期以后,物价比较稳定。但是由于泡沫破裂后经济衰退,90 年代中期开始物价上涨率出现负数,经历了物价持续下跌的**通货紧缩**(Deflation)。1997 年由于消费税的上调,一时上涨了 2% 左右,但是之后,物价上升率持续低迷。2013 年日本银行推出金融缓和政策,目的是实现通货膨胀。

物价变化也就是商品、服务价格的变化,意味着为了购买商品服务而使用的货币的价值也发生了变化。通货膨胀意味着货币贬值,会使存款的实际价值减少,所以会对老年人等依靠存款、退休金生活的人造成影响。并且,过度的通货膨胀会导致难以预测未来的经济环境,使企业经营不稳定。

另一方面,通货紧缩也并不是"物价跌得越厉害,就越能买到便宜的东西,所以很好"这么单纯的问题。物价下跌,则企业的营业额也就减少,但工资却很难轻易降低,企业业绩恶化,导致裁员或减少招聘。而且,通货紧缩会造成实际债务的增加,可能会使不履行债务的情况及坏账增多。特别是萧条期物价下降,人们可能会因为期待更大幅度的下跌而控制支出,导致萧条情况更加恶化。

石 油 危 机

日本经济经过高度增长变成了依赖低价进口原油的经济体制。1973年以第4次中东战争为契机,阿拉伯产油国大幅上调原油价格并限制供给,称为第1次石油危机,这给日本经济带来了巨大影响。世界陷入了经济衰退与通货膨胀同时进行的滞胀(Stagflation)状态,导致原材料的价格上涨及消费者物价上升。为了抑制通货膨胀,政府采取了抑制总需求的政策,但金融紧缩使企业的设备投资下跌,1974年出现了二战后首次的负增长,很难保持一直以来的高增长。

在破产企业不断增加的形势下,企业开始进行人员调整、薪资控制,希望通过FA化、OA化等措施来削减成本,进行减量经营,同时致力于节约资源能源。其结果是有效减轻了1979年由于伊朗革命而引发的第2次石油危机所带来的影响。并且由于这个过程中所进行的技术革新,进入20世纪80年代后,电子技术、新材料、生物技术等先进技术产业不断发展,出口快速增加,日本很快从经济萧条中摆脱出来。

四、失业

失业分为自发性失业与非自发性失业。企业需要的劳动量比劳动者提供的劳动量少时,会产生非自发性失业。此外,一部分劳动者为了追求更高的工资,在现行市场给予的工资水平下,宁愿选择不工作,这样的失业称为自发性失业。此外,即使劳动力的需求和供给从国家整体来看是均衡的,但从每一个企业和行业来看,有的在扩大,有的在缩小,所以也许在企业间、行业间产生劳动力转移的现象。这样的转移无法完全充分进行,因此会引起暂时性失业,称为**摩擦性失业**。

日本的失业率是指完全失业者在劳动力人口中所占的比率。劳动力是指15岁以上的有劳动能力的人口中实际就业的或者在寻找工作的人群,完全失业者是指在劳动力人口中完全没有能带来收入的工作的人群。

如图6-4所示,高度增长期日本的失业率在2%以下。与欧美各国相比,这处于比较低的水平。这是因为:(1) 较高的经济增长率;(2) 日本有终身雇用制这样的雇佣惯例;(3) 普遍良好的劳资关系等因素。景气变动也会表现在失业率的变动上。一般来说,景

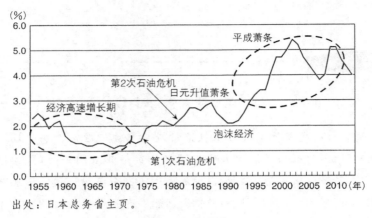

图6-4 失业率

气衰退,经济活动不活跃时,失业率也会上升。

但是,这样的低失业率之后也转变成上升趋势,20世纪80年代开始2%以下的低失业率就不复存在了。1995年战后首次超过3%,1998年上升至4%,甚至2000年超过了5%。其中,25岁以下年轻劳动力的失业率最高,其次是25—34岁,55—64岁年龄段的失业率也逐年升高。

20世纪90年代以后的失业率上升,景气变动以外的因素也带来了较大影响。在景气循环过程中所产生的失业,是总需求不足而引起的**周期性失业**,这种类型的失业在近年来占了2%左右。剩下的约2%—3%被看作是**结构性失业**。为了解决这一问题,需要进行失业者的培训和再教育等的人力资本的投入。日本式经营和劳动惯例无法适应经济环境及产业结构的变化,劳动力市场上的关于职业能力及年龄的不匹配问题也一直难以得到解决。

非 正 式 雇 佣

非正式雇佣的增加正在变成一个社会问题。日本厚生劳动省的调查显示,零工、兼职、派遣制员工、特聘员工等非正式员工在正式员工中的比例从1985年的16.4%增加到2013年的36.7%,尤其是青壮年劳动者中这一倾向更加明显。非正式员工与正式员工相比,工作时间较自由,但雇佣形态不稳定,薪酬待遇较低,所以有经济独立难、能力开发机会少、安全保障不充分等特点。生活形式的多样化带来了非正式雇佣的增加,人们可以根据自己的判断自由地生活,但如果只是这样的话,也许它就不会被当作一个社会问题了。据总务省的"劳动力调查"结果显示,非正式员工中有两成左右是由于没有正式职位,所以才不得不作为非正式员工工作,需要政府采取措施确保青壮年就业,促进非正式雇佣向正式雇佣的转变,消除不合理差距。

比非正式雇佣更引人注目的是尼特族的存在。尼特是 Not in Education, Employment or Training(NEET)的缩略,是指没有就业意愿,也不接受教育和职业培训的年轻人,需要采取有别于非正式员工的援助措施。总务省的调查显示,15—34 岁的人口中,不工作、不做家务、不上学的"无业人员"的比例,2002 年大幅上升后持续微增,2012 年达 2.3%。年轻一代的职业能力无法提高,所以非正式员工、尼特族的存在可能会成为影响日本产业竞争力和经济整体发展的制约因素,会进一步促进年轻人不婚化、晚婚化、少子化等问题,还会给年金等社会保障制度带来影响。

五、货币供应量和利率

宏观经济的货币性、金融性因素会对收入及物价等产生巨大影响。与货币、金融有关的典型变量有**利率**(利息)、体现货币(金钱)数量的**货币供应量**。

利息是金钱借贷时的对价及使用费,通常以日利率、月利率、年利率等一定期间的比率来表示。利息有很多种类,代表性的有**贷款利率**、**存款利率**、**拆借利率**等。贷款利率指银行等金融机构借出资金时的利率,存款利率是指把钱存进银行时的利率。

拆借利率是在拆借市场上,银行之间的期限较短的资金借贷利率。作为中央银行的日本银行,为了刺激经济,以唤起资金需求为目的,降低拆借利率。为了控制通货膨胀和过热的资金需求,提高拆借利率。拆借利率作为金融政策的目标备受重视。

图 6-5 描述了货币供应量(近年来,日本银行改称之为货币存量)的增长率和拆借利

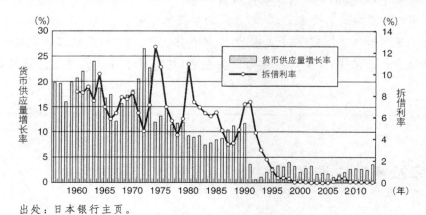

出处:日本银行主页。

图 6-5　货币供应和利率

率。货币供应量有几个指标,在这里采用日本银行一向重视的宏观经济指标的 M2＋CD(2008 年修改后 M2)。(详细内容请参照第八章)

关于拆借利率的变动,第 1 次、第 2 次石油危机和泡沫经济的顶峰时期,为了抑制物价上涨而大幅提高拆借利率,但由于泡沫破裂后长期的平成萧条又大幅下调利率,特别是从 2000 年前后开始,变成了利率几乎为零的异常状况。这是被称为零利率的特殊现象。

货币供应量的增长率也在发生着巨大变化。高度增长期达到 15% 左右的高增长率,之后一直呈现下降趋势。特别是 20 世纪 90 年代初期货币供应量急速减少。近年来其增长率也一直处于 5% 以下的较低水平。

综上所述,20 世纪 90 年代以后货币供应量增长率的下降及 2000 年前后开始的零利率等,表明近年来日本经济在金融方面发生了巨大变化。

 专栏

泡沫经济的崩溃和平成萧条及金融危机

在 1985 年开始的日元升值导致经济衰退的环境下,政府采取了低利率政策。低利率政策下,企业筹集巨额资金,在为开发新产品而进行投资,以及推进 FA 化(Factory Automation)、OA 化(Office Automation)进行设备投资的同时,另一方面也把目光投向了谋取股票、土地升值利益的投机活动。20 世纪 80 年代后期,土地及股票的价格已经高涨到严重背离其本来价值,这种异常的投资活动导致了泡沫经济。

但是,1990 年股价暴跌,1991 年开始地价也开始暴跌,最终泡沫经济破灭,之后长期陷入了平成萧条的衰退期。结果,接受金融机构贷款投资股市、土地的企业及个人产生了巨额损失。积极提供贷款的金融机构中,由于资金得不到返还,产生了巨额不良债权,相继出现了很多破产的金融机构。幸免于破产的一些大型银行,接受了国家的大规模公共资金的注入,也是搞得焦头烂额。

由于不良债权难以回收,所以银行对中小企业采取惜贷、提前回收贷款等措施,以及对融资过于谨慎,减少对企业的设备投资,这也成了经济萧条长期持续的主要原因。

六、汇率及经常性收支

如今,从国际性贸易的扩大和资本移动的活跃性来看,在宏观经济学中,不考虑与外

国的经济交易,在自给自足的**封闭经济**(Closed Economy)框架中考察一个国家的整体经济,很明显是不够充分的。特别是像日本这样贸易发达且金融、资本的自由化先进的国家里,在分析宏观经济时,把对外因素考虑进去的**开放经济**(Open Economy)的视角是非常重要的。

在分析对外经济交易时,国际的货币兑换比率即汇率和经常收支的变动很重要。经常收支包括表示商品的国际交易结果的贸易收支、计算服务交易的服务收支、记录投资收益及雇员报酬支付的所得收支(详细内容请参照第九章)。在考察一国的商品和服务的贸易结构时,经常用到比商品进出口交易的贸易收支更广义上的经常性收支。

图6-6表示了日元对美元的汇率和概念上与经常性收支相似的**经常海外盈余**。经常海外盈余指的是"商品、服务的出口及来自国外的要素收入"减去"商品、服务的进口及对国外的要素收入",比经常性收支更容易收集长期性资料。

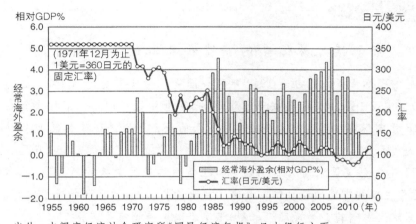

出处:内阁府经济社会研究所《国民经济年报》,日本银行主页。

图6-6 汇率和海外经常盈余比率

一直到1971年年底,汇率都是采用规定1美元=360日元的固定汇率制。但之后转变为变动汇率制,呈现出日元升值的趋势。1985年的广场协议以后,日元急速升值,在1994—1995年甚至上涨到突破1美元=100日元的水平。这个时期由于日元升值而导致海外投资成本减少,在这样的环境下,企业希望避免贸易摩擦及开拓市场,以海外分公司的设置、扩大及直接经营支配为目的的资本、技术出口剧增。在这个过程中,日本的很多大企业也发展成了跨国企业。

另一方面,经常海外盈余到20世纪80年代为止一直呈现出周期性的增减变化,20世纪80年代以后大幅增长的趋势基本确立。不过,其中也可以看到以1986年、1992年、1998年、2007年为四个鼎盛期。这样的周期性变动对日本的国内景气也有关系。经济繁荣期进口增加,萧条期则减少。因为日本的原材料大多依靠海外进口,所以萧条期生产水平一旦下降,则原材料的进口也会减少。并且在国内,企业的销售业绩下滑,所以相应的企业更努力地在海外进行销售。

所以,在萧条期经常海外盈余和经常性收支赤字会有增加的趋势。由于1986年、1987年日元升值导致经济衰退,以及1992年、1998年泡沫经济崩溃后的平成萧条,2007年受到世界金融危机影响,经常海外盈余出现增加。日本的经常性收支黑字对于外国,特别是对最大贸易对象国美国而言则是赤字,因此美国对日本提出扩大内需的要求,两国间举行了日美结构协议会等。

并且,近年来过去的海外投资收益(海外子公司所赚的收益及持有海外金融资产所带来的收益)不断扩大,从2011年开始,创造了贸易收支赤字,2013年经常性收支达到了零的水平。

布雷顿森林体系的崩溃和日本经济的国际化

战后的国际货币体制基于1944年联合国货币会议上通过的IMF(国际货币基金组织)协定及IBRD(国际复兴开发银行,也称世界银行)协定,俗称布雷顿森林体系。IMF协定规定加盟国有义务将本国货币的外汇平价按照黄金或1944年7月1日时点的美元价格进行兑换。日本于1952年8月加入,1美元=360日元。

1971年8月美国政府公布了包括停止黄金和美元兑换的新经济政策,给以黄金、美元为主轴的布雷顿森林体系带来了毁灭性打击,日元也开始升值。之后,各国相继从固定汇率制转变为浮动汇率制,汇率变成由市场来决定。

20世纪80年代初,在经济萧条的大环境下世界贸易缩小,但日本以对美出口为中心的出口却快速扩大,成为世界上最大的贸易顺差国。美国由于进口超额而带来的贸易赤字及巨额军费造成的财政赤字这一"双赤字"越发严重,1985年召开的G5(发达五国财长、中央银行总裁会议)上决定,为了改善美国的贸易收支状况,根据广场协议修正美元汇率高的现状。为此,日元在三年间从1美元=250日元飙升至120日元。由于日元升值,钢铁、造船业等的出口减少了,而推进合理化调整的汽车及高新技术产业的出口却不断增加。对此,日本为了缓和贸易摩擦,以公共投资为中心扩大内需,开始推进产业结构的调整。

1989年开始的日美结构协议会表明日美间的经济摩擦进入了一个新阶段。从谋求单纯的贸易摩擦的解决,转变为要求对方国家国内制度、政策、惯例、法律等的修正。日美全面经济协议继承了日美结构协议会,提出了针对日本的市场开放、放松管制等要求。

1. 请计算下列 GDP：

    (1) 农户生产小麦 20，面粉生产商将所有的小麦都作为原材料，生产出小麦粉 40。

    (2) 加上(1)之后，面包店用所有的小麦粉 40 生产出面包 80。

    (3) 在(2)的事例中，消费者购买小麦粉 10(面包店用小麦粉 30 生产出面包 80)。

2. 为什么日本的 GNP 比 GDP 多？例如说在中南美洲国家哪一个较多？
3. 请说明通货膨胀给人们的生活带来的影响。
4. 萧条期物价下跌，人们会增加还是减少消费？请说明这对宏观经济带来的影响。
5. 请利用日本内阁府经济社会综合研究所主页(http://www.esri.go.jp/)调查战后的景气循环日期及各个周期的长度。
6. 第 1 次石油危机后，企业是如何应对的？产生了什么样的效果？
7. 请论述日元升值的利弊。

第七章
宏观经济的结构

> 如前章所述,在宏观经济反复变动、实际 GDP 低迷的经济不景气时期会发生失业等社会问题。在此,不仅讲述企业是如何与家庭、政府、外国等其他的经济主体结合在一起的,而且阐明作为宏观经济整体的生产物的需求与供给是如何被决定的,在此基础上,思考宏观经济是以怎样的结构进行变动的,以及政府对经济景气变动能采取怎样的对策。

✓ 关键词

经济循环	可支配收入	边际消费倾向	基础消费
消费函数	均衡 GDP	有效需要原理	财政赤字
净出口	宏观平衡公式	名义货币供应量与实际货币供应量	
总需求曲线	需求冲击	资产效应	乘数效应
名义工资率与实际工资率	短期总供给曲线	充分就业	长期总供给曲线
供给冲击	通货膨胀	财政政策	金融政策
总需求管理政策	滞涨		

一、经济循环

(一) 支出和分配

我们的经济活动中,需要交易各种各样的产品。提供产品,作为对价取得货币的卖家,接下来又成为别的产品的买家,把货币支付给下一个卖家。在这样交换的链条中,货币不停地反复循环。

要理解这个**经济循环**,把在经济中能自主进行交易的各种个人或组织,归纳为家庭部门、企业部门、政府(包括国家机关的中央政府和省、市政府等地方政府以及其相关机构)、外国等四个经济主体比较方便。图7-1显示了在这些部门之间循环的货币的流通。

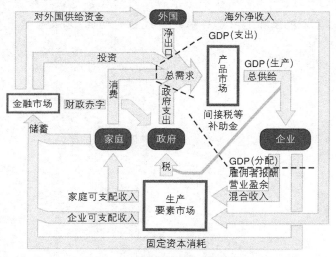

图7-1 部门间的经济循环

对企业生产的最终产品需求最大的是家庭消费(民间最终消费)。并且,企业也会为了扩充生产设备等原因而购买最终产品,我们把它称为民间实物投资,或者单纯称为投资。政府也会通过公共事业等形式来购买道路等产品。如果将公务员提供的行政服务也包含在最终产品的供给中,占了政府支出大部分的人工费也可以解释为行政服务的购买费用,即总需求的一部分。这些可以总称为政府支出。产品、服务的出口是外国市场对本国产品的需求,而进口表示的是本国对外国产品的需求,所以其差额的**净出口**意味着国外市场对国内产品的实际需求。综上所述,可见本国产品的总需求由家庭支出的消费、企业支出的投资、政府支出以及国外的净出口四部分构成。

$$总需求 = 消费 + 投资 + 政府支出 + 净出口 \tag{1}$$

这与表 6-1 中从支出角度归纳的 GDP 相对应,但表中的"国内总资本形成"包括民间投资与政府投资两方面。2012 年民间投资占 GDP 的 16%。

接下来我们来看分配。作为供给产品的报酬,企业会获得与 GDP 相对应的金额,但政府征收消费税等间接税时,这部分金额在成为企业收入以前就会被政府所征收。例如,像购买太阳能发电设备等情况下会得到政府发放的补贴,这也可以看作是负税率的间接税。因此,企业从产品市场取得的实际收入应该为 GDP 减去间接税再加上补贴的金额。之后,企业向劳动者支付工资等报酬,积累资本来更新生产过程中损耗的资产设备(称为固定资产损耗),剩余的部分作为利润分配给股东。这个剩余的部分称为**营业盈余**,相当于企业的利润。个体经营者的收入包括了劳动报酬与利润,所以称为**混合收入**来以示区别。整理一下上述内容,则有:

$$GDP=(间接税-补贴)+劳动者报酬+营业盈余·混合收入+固定资产损耗$$

这一等式成立。它正好对应表 6-1 中从分配角度归纳的 GDP。

(二) 宏观经济平衡

国内生产出的附加价值 GDP 分配到家庭、企业及政府,成为收入,再加上从国外获得的净收入(国外所得收入与向国外支付的收入之差)就称为国民总收入(GNI)。GNI 中,间接税减去补贴以及其他税种是政府收入,这些税种合起来称为税收。GNI 中除去税收的部分就是家庭和企业可以自由支配的**可支配收入**(Disposable Income),其中大部分都被分配到家庭。家庭将这部分收入用于各种各样消费产品的支出(消费),有剩余时就进行储蓄。在家庭中,有的人只将收入的一部分支出而将剩余部分积蓄下来,也有人使用过去积蓄下来的资产,进行收入以上的消费,老年人中这种情况较为典型。但是,从整体来看日本的家庭部门进行了储蓄。企业不进行消费,所以企业将所有的可支配收入都进行储蓄。因此,如果将家庭的储蓄与企业的储蓄合称为储蓄的话,可以表示为:

$$GNI=GDP+海外所得的净收入=税收+消费+储蓄 \quad (2)$$

根据三面等价原则,总需求(从支出归纳的 GDP)与总供给的 GDP 一致,所以(1)式和(2)式合起来看,可以推导出下面这个称作**宏观经济平衡**(或者称作储蓄投资平衡等式)的关系。

$$储蓄=(GDP+海外取得的净收入-税收-消费)$$
$$=投资+(政府支出-税收)+(净出口+海外所得净收入)$$

这里的政府支出减去税收相当于财政赤字,净出口加上海外所得净收入相当于经常性收入或者经常海外盈余。这个等式意味着当投资一定时,如果储蓄减少或政府财政赤字扩大,经常性收入也会减少。

专栏

少子老龄化与日本经济

表 7-1 是家庭部门的储蓄率在国际上进行比较的数据。由表 7-1 可知，日本家庭部门的储蓄率，即使在发达国家中也是处于高水平的。如同宏观平衡公式所示，家庭部门的储蓄额度高，意味着投资、财政赤字、净出口的某项额度高。

表 7-1 家庭储蓄率的变迁

年 份	1970	1980	1990	2000	2010
日 本	14.27%	14.50%	12.06%	6.82%	1.99%
美 国	12.60%	10.57%	7.78%	4.03%	5.64%
OECD 欧洲平均				8.68%	8.46%

出处：OECD, *Economic Outlook*。

例如，说从 20 世纪 60 年代到 70 年代，日本经济经历了"高度经济成长"，此时可以认为是家庭部门大量的储蓄成为企业的设备投资的资金，是促进日本生产能力急速增长的一个因素。此外，以石油危机为契机，企业投资意向减退，总需求萎缩时，政府通过扩大公共事业谋求摆脱经济不景气，此时家庭部门的储蓄转向购入国债，支撑因政府支出增加而产生的财政赤字。此外，进入 20 世纪 80 年代，政府推行"行政改革"，缩小财政赤字，于是净出口增加，发生日美间贸易摩擦，也可以从这个关系来理解。

像这样家庭部门的高储蓄率，是近年来日本宏观经济的特征。但是，从表 7-1 也可以看出，日本储蓄率在急速下降。之前日本的高储蓄率与日本的人口构成集中在战后的婴儿潮出生的被称为"团块的世代"的年龄层这一点不无关系。人们在工作时期为了老年生活而进行储蓄，退休之后就会渐渐花掉之前积蓄的资产用于消费。之前处于工作年龄，进行正的储蓄，为日本的高储蓄率作出贡献的"团块的世代"如今老龄化了，如果其储蓄转为负，日本的储蓄率就下降了。可以认为今后这个倾向还将持续，这也许会大大改变日本的宏观经济环境。

二、总需求

（一）消费函数与均衡 GDP

企业生产的最终产品被家庭、企业、政府、国外市场所需要，所以 GDP 必须与消费、投资、政府支出、净出口的合计的总需求保持一致。为求简单明了,我们忽略与国外的贸易(贸易与经济形势的关系请参照第九章),将 GDP 用 Y,消费、投资、政府支出分别用 C、I、G 等符号表示的话,可以表示为:

$$Y = C + I + G$$

等式右边相当于总需求,它会根据各种因素产生变化,有时会引起 GDP 变动即经济波动。在理解了总需求决定 GDP 这一机制以后,我们来思考一下引起总需求变动的原因。

总需求中最大的部分是家庭消费。简便起见,我们先忽略海外所得的收入、税收、企业收入,假设 GDP 全部都作为家庭的可支配收入。家庭消费一部分收入 Y,剩余部分进行储蓄,随着收入增加消费 C 自然也会增加。假设 Y 与 C 的关系可用下式表示:

$$C = cY + C_0$$

这个等式中的 c 和 C_0 是取正值的系数,分别称为**边际消费倾向**、**基础消费**或**独立消费**。这个等式称为凯恩斯型消费函数。图 7-2 中表示**消费函数**的向右上方倾斜的直线,是在横轴上取 Y,纵轴上取 C 所画出的图像。根据这一等式,Y 每增加 1 单位,消费就增加边际消费倾向,所以 c 相当于这条直线的斜角。收入每增加 1 单位时,消费不可能增加 1 单位以上,所以假设边际消费倾向小于 1,消费函数的斜角小于 45 度。收入为 0 时的消费水平为消费基础 C_0,对应消费函数的纵轴截距。人们就算在没有收入的时候也需要消耗过去积累下来的资产来维持最低限度的消费,这个部分就称为基础消费,可以假设 C_0 为正值。

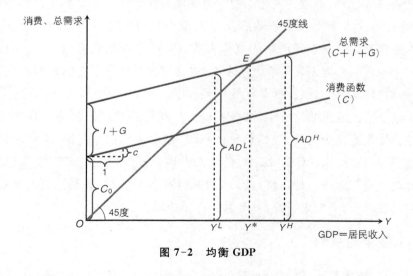

图 7-2 均衡 GDP

总需求是上面等式中决定的消费加上企业与政府需求的 $I+G$,所以:

$$总需求 = cY + C_0 + I + G$$

反映到图 7-2 中就是将消费函数向上平移 $I+G$ 后的直线。总需求的直线向右上方倾斜,所以 Y 上升时总需求就会扩大。这是因为经济形势好转提高了人们的收入,从而使消费扩大。

图 7-2 中还有一条通过原点的直线(45 度线),它表示的是总需求必须与 GDP 一致这一条件。比如,GDP 比总需求与 45 度线交点 E 在左侧的 Y^L 时,对应其所得的总需求 AD^L 会大于 Y^L,这意味着需求大于总生产量,所以产品市场有过度需求。相反,当 GDP 水平在 E 点右侧 Y^H 时,对应其收入的总需求 AD^H 会在总生产量 Y^H 以下,产品市场出现过度供给。因此,产品市场的供需均衡时,GDP 在总需求与 45 度线的交点 E 处,也就是图 7-2 中的 Y^* 处。这样的 GDP 称为均衡 GDP,可以认为现实中的 GDP 接近这一水平。**均衡 GDP** 是指总生产量与总需求一致的 GDP,所以上式中把 Y 放到 Y^* 处时的总需求必须与 Y^* 一致。整理一下这个关系,则有:

$$Y^* = \frac{1}{1-c}(C_0 + I + G) \tag{3}$$

如果知道消费函数的系数与 I、G 的值,就能计算出均衡 GDP 的值。像这样总需求决定 GDP 的理论,称为**有效需求原理**。

(二)乘数效应

边际消费倾向的值是一定的,但有时 (C_0+I+G) 的值会由于各种因素而发生变化,通过(3)式使均衡 GDP 发生变化。比如,民间投资 I 或政府支出 G 变化 1 单位时,均衡 GDP 就会产生 $1/(1-c)$ 单位的变化。由于边际消费倾向 c 介于 0 和 1 之间,所以此时均衡 GDP 的增加值会大于 1,投资或政府支出的微小变动会对 GDP 产生巨大的影响。这个机制称为乘数效应。宏观经济学的奠基人英国经济学家**凯因斯**(1883—1946)认为,企业投资会被不安定的心理因素等原因所左右,并通过乘数效应引起巨大的景气变动。

那么,乘数效应为什么会发挥作用呢?当产量一定时,投资减少 1 单位,产品市场上就会发生 1 单位的过度供给,生产者和分销商只好把滞销的产品作为库存先放着。这个过剩的库存会使企业减少生产,最终都会使 GDP 减少 1 单位。但是,总需求减少所带来的效果到这里并有没结束。GDP 减少,企业收入也会减少,那么,家庭收入也会减少,从而导致家庭消费更加减少。像这样,最初减少的 1 单位总需求,会通过使家庭收入减少而引发相继的消费减少,其结果会使 GDP 减少 1 单位以上。

(三)总需求的变动

上面讨论过,构成总需求的消费、投资、政府支出这三者的任一因素发生变化时,GDP 也会发生变化。这里我们来讨论一下使总需求变化的因素。这三者中变动最大的是投资。投资是指企业预期将来的收益而购买工厂、机器等长期使用的生产设备。很多企业都在研究各种各样的投资项目,被判定为合算而转为实施的项目的总额就是宏观意义上的投资。比如,假设现在有这样一个项目,投入 100 万日元成本,1 年后将得到 105 万日元的收益。这个项目的收益率是5％,为了实施它需要借入100万日元的资金。这时,如果借入资金的利率不到5％的话,投资收益中返还了贷款仍有盈余,所以会实施这一项目,但如果利率超过5％,就不会实施这一项目。这个也可以用第五章中学过的"现值"的概念来理解。现在实施这个投资项目需要的费用是100万日元,1年后从中获得的收益是105万日元。1年后的105万日元用利率换算成现值为105万日元／(1＋利率),这个值与投资成本100万日元进行比较。这样当利率低于5％时,投资收益的现值会超过投资成本,所以可以进行投资。从上面这个例子中可以看出,利率下降会能实施更多的投资项目,宏观投资量就会增加。

除了利率以外,还有其他影响投资的因素。企业会事先预测每一个投资项目将来会带来多少收益,在此基础上再决定是否实施。但是,合理地进行预测是非常困难的,所以投资的判断容易受到心理因素的影响。例如,研究刚才那起投资项目,如果公司心态发生变化,将1年后能够获得的预期收益从105万日元改为107万日元,那么,这起投资项目转为实施的可能性就会增大很多。像这样,如果企业的投资心态变得乐观,那么,实施的项目就会增多,投资量也会增加。简言之,利率的下调及企业心态的好转会刺激企业投资,从而带动 GDP 增长。

政府的行为有时也会对总需求造成影响。例如,增加道路工程等公共事业会扩大政府支出,直接刺激总需求。此外,刚才的公式中没有明确表示,但税收变化也会通过消费的变化对 GDP 带来影响。就算 GDP 水平不变,如果税收下降,支付税金后剩下的可支配收入就会增多,家庭就会增加消费支出。这与上式中的基础消费 C_0 上升具有同样的效果,会拉动总需求。

另外,股票及不动产价格的上涨会使家庭持有的资产增加,这时就算现在的收入没有增加,但家庭消费也会增多,所以它也和减税一样,会刺激消费,拉动总需求。

(四) 物价水平与总需求

直到这部分,我们都没有区分按金额计算的总需求额与用物价水平除后得出的实际值的总需求。但是,在物价变化的情况下,这两者具有不同的意义。对我们生活来说,更重要的是实际值,所以接下来所论述的"总需求"及其构成要素"消费""投资"等,都是实际值,也就是表示在产品市场所需求的是几个单位的产品。

总需求在怎么样的情况会变化呢?在第二章,我们对单个商品的需求曲线进行了说明,在那里得出的结果是价格下降,对该商品的需求会增加。总需求是所有商品需求的总和,物价是各种商品价格的平均,因此可以认为物价下降的话总需求会增加。但是,有关单个商品需求的理论,不能单纯地适用于宏观经济。

考察个别商品的价格与需求量的关系时,我们假定其他商品的价格是一定的。只是苹果的价格下降的话,也就是苹果相对于其他商品的相对价格下降,所以之前吃其他水果的消费者的一部分有可能会改吃苹果,从而引起苹果需求量的扩大。

那么，所有商品的价格同时按照同一个比率变化会怎么样呢？这样的话，虽然物价水平(用 P 来表示)变化了，但是各商品的相对价格没变。例如，中央银行要把现在使用的货币全部换新，以旧货币 100 日元对新货币 1 日元的比率兑换，同时所有的价格与金额也改变成现在的 1%。这时，虽然物价水平下降到原来的 1%，但是对人们的经济活动没有实质性的影响，总需求的量也不会有变化。

那么，假设"其他情况一定时"物价水准上升 1%，可以认为总需求的实际值会没有变化吗？在刚才的例子中，物价水平下降到原来的 1% 的同时，整个社会存在的货币总额(也称**名义货币供应量**，用 M 表示)也变成 1%，名义货币供应量除以物价水平得出的**实际货币供应量**，也就是 M/P 没有变化。但是，这次的例子中名义货币供应量 M 不变，所以 P 上升 1% 的话，实际货币供应量 M/P 就会减少 1%。

在当前的经济中，几乎所有的交换都是以货币为媒介的，所以想要购入某种商品的人会预先准备好相应数量的货币。因此，当货币的供应量出现实质性减少时，人们如果需要与之前等量的产品的话，就会出现货币不足。没能筹集到足够的货币的人们就会控制需求，因此，由物价上升引起的实际货币供给量的减少会降低总需求。这用图 7-3 中向右下倾斜的总需求曲线 AD 来表示。

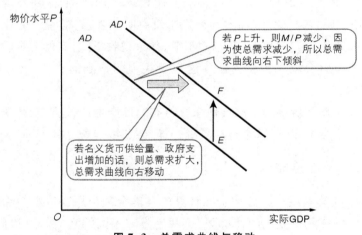

图 7-3　总需求曲线与移动

但是，因为实际货币供应量是名义货币供应量 M 除以物价水平 P 得出的，所以即使 P 一定，如果 M 变化的话，其数值会发生变化并影响总需求。比如，中央银行通过增发纸币等使名义货币供应量 M 增加。此时如果物价水平一定的话，因实际货币供应量增加，所以总需求增加。这样的现象，通过总需求曲线从图 7-3 中的 AD 向右移动到 AD' 来表现，称为**需求冲击**。

需求冲击的原因不只是名义货币供应量的变化。前面我们看到投资意愿改善或政府加大对公共项目的投入等都会刺激总需求。这些与物价无关却会拉动 GDP，具有把图 7-3 总需求曲线往右边移动的效果，可以看作为真正的需求冲击。

> ### 自我实现的预言
>
> 我们到大众餐馆吃饭,在那里能得到的满足度,事先能相当准确地作出预测。但是,那个大众餐馆连锁店打算在某城市开分店的话,要弄清楚此项投资是否能获利,花费好几年的时间是常见的,经营者要事先作出这样的预测是非常困难的。因此,可以说投资的判断比消费的判断要面对更大的不确定性。
>
> 凯恩斯认为,在这种状况下进行的企业的投资判断,容易受非合理性征兆及心理因素的影响从而容易变得不稳定。这样的因素被称作"羊群心理"。例如,存在"太阳黑子变化时,经济会恶化"这样的迷信。这明显是不合理的,但是如果很多的经营者都相信这个迷信的话,那么,会发生什么情况呢?例如,某年偶然太阳黑子状态发生了变化,由此,一部分迷信的经营者会减少投资,因为他们对将来的经济景气会变得悲观,觉得即使扩大生产设备也无法预料有没有足够的需求。
>
> 但是,投资的减少会引起总需求的减少,从而使经济真正恶化。如果能持续观察到像这样的太阳黑子与经济景气的关联的话,那么,之前不迷信的经营者在预测经济景气时也会参考太阳黑子的情况,迷信有可能会愈发具有影响力。如同这个例子,因为人们相信无根据的预言,从而预言真正实现的现象称为"自我实现的预言"。

三、企业的生产活动与总供给

(一)实际工资率与生产积极性

在前一节,我们探讨了使总需求发生变化的各种因素。但是,单凭这些还不能说充分理解了实际 GDP 变动的结构。比如,经济在图 7-3 的 E 点时,因某些因素总需求曲线从 AD 移动到 AD'。此时,若企业没有扩大生产的意愿,有可能经济从 E 点移到正上方的 F 点,也许仅仅是物价水平上升,生产量没有扩大。像这样,如果要理解总需求曲线的变化对实体经济会带来怎样的影响的话,对决定总供给的企业的生产活动进行分析是不可缺少的。在这一节,我们来探讨使总供给产生变化的因素。

要扩大生产,必须改善生产技术,或者增加资本设备、劳动等生产要素的投入量。但是,进行技术革新、增建工厂等增加资本设备的投资需要较长的时间。相比较而言,通过雇用新的员工或者暂缓填补员工退休后的空缺来调节劳动投入量,这在较短时间内就能实现。因此,我们认为短期内技术与资本的投入量不变,只有劳动投入量对企业来说是可调节的。

　　劳动边际产量是指某企业每增加一单位的劳动力，所带来的产量。由于劳动力增加1单位，企业收入的增加量为劳动边际产量乘产品价格的量。另外，对于1单位的劳动力来讲，要支付名义工资率的数额。如果公式

$$劳动边际产量 \times 产品价格 > 名义工资率$$

成立的话，扩大雇用能增加利润，企业就会有扩大生产的诱因。上面公式的两边同时除以产品价格，可以写成：

$$劳动边际产量 > 名义工资率/产品价格$$

　　因此，名义工资率相对于产品价格下跌的话，以上公式的右边变小，这个不等式容易成立，扩大生产的积极性增强。

　　此外，因为物价水平 P 是各种产品价格的平均值，所以名义工资率（以 W 表示）除以物价水平得出的实际工资率 W/P 下降的话，对于大部分企业来说，以上公式的右边变小，作为宏观经济整体的产量即总供给会扩大。

（二）物价水平与总供给

　　物价水平 P 的变化会对总供给产生怎么样的影响呢？如果名义工资率 W 不变，物价 P 的上升会使实际工资率 W/P 下降，总供给将得以扩大。但是，如果在 P 上升的同时 W 也同比率上升的情况下，因为 W/P 不变，所以总供给也不变。像这样，物价的变动对总供给会带来怎样的影响，将根据名义工资率对物价变动的反应而变得不同。

　　很多情况下，名义工资率由劳动合同明确规定，一定期间内无法变更，所以可以认为短期内是"刚性"的。这种情况下，物价的上升在短期内使实际工资率下降，扩大了总供给。这种关系可用图7-4中向右上倾斜的短期总供给曲线 SAS 来表示。

　　现在，经济处于短期总供给曲线 SAS 上的 E 点，假设为生产这一点时的GDP，所有的劳动者都被雇用，处于**充分就业**状态。（这时的GDP水平用 Y' 来表示。）这时，若因为某种原因引起物价水平出现下降，因短期内名义工资率是刚性的，所以实际工资率 W/P 上升，总供给下降，移动到 F 点。在 F 点时的总供给比对应完全雇佣时的GDP即 Y' 低，所以企业不会感觉需要雇用所有的劳动者。也就是说，这时有一部分劳动者失业。

　　但是，很难想象这一不充分就业的状态可以长期持续。因为失业者愿意接受更低的工资被企业雇用，所以在这样的状况下名义工资率 W 开始下降。由此，物价即使不变，实际工资率也会下降，总供给因此上升，这意味着短期的总供给曲线向右移动。这一变动会一直持续到实际工资率回到原先的水平，所有失业者得到雇用为止。从长期来看，短期总供给曲线会移动到图7-4中的 SAS'，总供给会恢复到之前的 Y' 的水平。这个长期关系用图7-4中连接 E 点与 G 点的垂直的**长期总供给曲线**来表示。

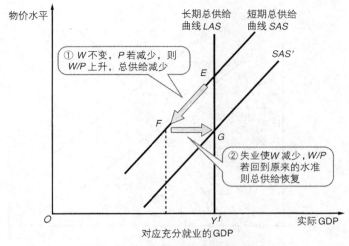

图 7-4 短期与长期的总供给曲线

(三) 供给冲击

到此,我们探讨的是假定生产技术、资本设备总量及劳动人口不变的情况。但是,随着时间的推移,以上这些条件也会发生变化。最后,我们来考察这种长期性变化对总供给带来的影响。

工资率是由劳动市场的供需平衡来调整的,从长期来看,应该是劳动投入量与劳动人口一致,实现完全雇用。因此,随着少子老龄化的进展,劳动人口减少,处于完全雇用状态的劳动投入量也会减少,相对应的 GDP 即 Y^f 也降低。这会使得长期总供给曲线向左移动。

此外,如企业通过设备投资来增加资本投资,提高技术水平,即使劳动投入量与以前相同,也能得到更多的产品,企业的生产积极性提高,对应充分就业时的实际 GDP 的水平会提高。这意味着长期的总供给曲线向右移动。

以上这些使总供给曲线产生移动的因素称为**供给冲击**。

四、宏观经济的均衡与变动

(一) 景气变动与景气对策

这一节,在前面讨论的基础上,我们将考察宏观经济的均衡与其变动的机制。

图 7-5 说明短期经济变动,画有总需求曲线 AD 与短期总供给曲线 SAS。需要注意的是,这个图和第二章讲述的关于个别商品在市场上的需求曲线及供给曲线具有相同的形状。

物价水平高于对应两曲线的交点 E 的水平 P 时,总供给会大于总需求,因此产品市

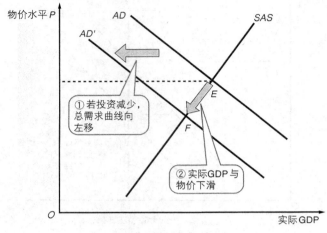

图 7-5 短期的需求冲击

场供过于求，物价水平下降。相反，物价水平低于 P 时，产品市场供不应求，物价水平上升。至此物价调整到 P 的水平，经济在均衡点 E 处稳定下来，这与第二章讨论的市场价格调整的机制是相同的。

那么，经济处于 E 点的均衡状态时，企业对将来比较悲观，投资萎缩的话，会产生什么情况呢？这会使得总需求曲线从 AD 移动到 AD'，经济由 E 点移动到 F 点，实际 GDP 与物价一起降低。并且，因产量缩小导致劳动者的雇用也减少，产生失业。像这样由总需求减少引起经济景气恶化的因素，除企业投资心理的恶化以外，还有税收、名义货币供应量的减少、政府支出的减少、因资产价值的下跌等引起的消费疲软等，也是经济恶化的原因。另外，企业过度乐观，投资过热时，就与图 7-5 相反，总需求曲线往右边移动，实际 GDP 超过合理水平扩大的同时，还可能发生物价上升的**通货膨胀**现象。

急剧发生的景气变动也不令人满意。特别是在失业严重的经济萧条期，政府为了恢复经济，研究相应的对策。比如，通过创办公共事业，扩大政府支出，以及实行减税等的**扩张性财政政策**，使总需求曲线向右移动的话，可以使实际 GDP 得以恢复。但是，这样的政策有两个副作用，就是财政赤字扩大且物价上升。此外，通过增加名义货币供应量的**金融宽松政策**也能使总需求曲线向右移动，可以得到同样的效果，只是以这种方法恢复经济也伴有物价上涨的副作用。

经济过热发生通货膨胀时，可以采取与之相反的政策，这些被称作紧缩性财政政策、金融紧缩政策。通过政府支出、税收、名义货币供应量来调整实际 GDP 及物价，是当前最常见的宏观政策，这些都是通过移动总需求曲线来调控宏观经济，统称为**总需求管理政策**。

（二）长期均衡与供给冲击

在前面我们看到，总需求曲线的移动短期内能让实际 GDP 发生变化。但是，长期总供给曲线则会变成垂直,所以这种效果是一时性的,实际 GDP 不会偏离完全雇用的水平 Y^f。图 7-6 中有总需求曲线 AD 与长期总供给曲线 LAS,假设经济处于两者的交叉点 E。此时政府通过采取扩张性财政政策等使总需求曲线移动到 AD',经济移动到正上方的 F 点。这意味着总需求管理政策长期来看只是让物价水平发生变化,不具有扩大实际 GDP 的效果。

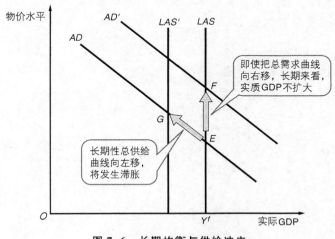

图 7-6　长期均衡与供给冲击

并且,如我们前面所看到的,在企业投资心理恶化的情况下,虽说产量短期内会下降,出现失业现象,但是长期来看因劳动市场名义工资率的降低,失业得以消除,经济不景气会自然恢复。在这个意义上,为了使总需求管理政策正当化,需要作出这样的判断:迅速且正确地采取的政策,要比坐等通过劳动市场的调节自然恢复更令人满意。

生产技术的变化及资本积累等通过使长期总供给曲线移动给经济带来影响。比如,如果石油价格上涨,即使企业继续和以前一样的生产活动,在把石油的费用支付给产油国后留在本国的附加价值也会减少的。这样的话,尽管在国内投入和以前一样的生产要素,产量也会变少,所以这与生产技术的恶化是同样的现象,可以解释为"负的供给冲击"。有这样的冲击的话,对应充分就业的实际 GDP 下降,所以在图 7-6 中的长期总供给曲线由 LAS 移动到 LAS',经济由 E 点移动到 G 点。在这里可以同时观察到产量的减少与物价的上升,这种现象称为**滞胀**。

1. 在政府支出与税收处于均衡的经济中,家庭部门的储蓄比企业部门投资大时,请说明经常性收支是什么样的数值。

2. 假设在第二节中,消费函数的公式是 $C=0.8Y+1$,投资 I 是 12,政府支出 G 是 7。请计算这时候的均衡 GDP、消费、储蓄。并计算企业的投资减少 1 单位时,均衡 GDP 会怎样变化?
3. 假设中央银行减少名义货币供应量,这会给物价水平与实际 GDP 带来怎样的影响?请分别就长期与短期的影响作出说明。
4. 假设因信息技术进步使企业的生产活动变得更加高效,请说明这会对物价水平和实际 GDP 产生怎样的长期影响。

第八章
财政与金融

> 本章中我们将对在宏观经济中具有重要作用的财政和金融进行考察。首先,对预算和税收制度等的财政结构和财政的三个主要职能进行概述,然后围绕现代财政中存在的诸多问题,重点考察税制、财政赤字、国债及养老金、医疗等社会保障的问题点。
>
> 后半部分将学习货币及金融这一现代经济的基本制度,还会谈到货币及金融对经济活动有着怎样的作用,以及中央银行的职能和金融政策等。

☑ **关键词**

资源配置的职能	收入再分配的职能	稳定经济的职能	自动稳定装置
一般会计预算与特别会计预算		财政投融资计划	直间比例
税收负担率	国民负担率	建设国债	特例国债(赤字国债)
公债依存度	赋课方式和积累方式	货币存量	高能货币或基础货币
信用乘数	直接金融	间接金融	市场型间接金融
金融大爆炸	金融政策手段	量化质化金融宽松政策	日本银行的独立性

一、财政的职能及其结构

(一)财政的基本职能

国家及地方公共团体进行的经济活动称为财政。现在的政府通过征税、借入及支出等财政活动,实现着各种各样的职能。其职能主要有以下三点。

第一,**资源配置职能**。有时仅仅依靠市场很难实现充分供给的资源,或者像一般认为应该由政府负责的国防、警察等服务,以及道路、给排水等社会资本(它们有别于在市场上进行交易的私有财产,称为**公共品**)等,政府通过财政手段进行供给,以谋求国民生活水平的稳定及提高。

第二,**收入再分配职能**。如今,很多发达资本主义国家为了调节收入和财富的不平等分配,采用所得税、继承税等累进税制,并将征收的税金通过生活保障、劳动保险等社会保障方式进行再分配,以求得收入分配的平等化。近年来,由于税率的平均化等,税收的累进性降低,虽然由生活保障等社会保障费用弥补这一差距,但这样的同一代人之间的再分配职能呈现出下降趋势。

第三,**稳定经济的职能**,即调控经济的职能。本来财政中就包含了累进所得税及法人税制度、失业保险制度等稳定经济状况的自动稳定机制(Built-in Stabilizer),但这种作用本身是不够充分的,所以作为总需求管理政策的一个环节,需要采取机动的财政政策。在经济衰退期通过增加公共支出、减税等方式增加有效需求,在经济过热时减少公共支出或加税以抑制有效需求。现在的财政政策,大多以统一的经济政策为目标,与金融政策进行

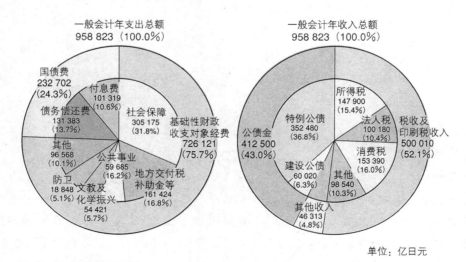

图 8-1 2014 年(平成 26 年)年度一般会计预算

一体化运用(一体化政策,Policy Mix)。此外,随着经济全球化的进行,政府还会通过各种国际会议积极协调与其他各国间的经济政策。

(二) 预算

如上所述,可见政府财政在国民经济中具有非常重要的作用,因此财政在国家经济中所占比例不断增加,其影响力也在不断增大。预算就具体体现了政府活动的规模和内容。

政府编制每个会计年度的预算(年度收入、年度支出的预定计划),向国会提出,通过表决后执行。日本的预算大致可以分为**一般会计预算**和**特别会计预算**两大类。前者是政府一般行政中的财政活动的预算,后者是政府为了进行某些特定活动或对特定的资金进行运用管理的预算。此外,根据特别法律设立的法人,资本金由政府全额出资的政府相关机构的预算也要在国会上提出,请求批准。

一般会计的年度支出预算的构成中,用于国债还本付息的国债费,及以地方政府间的财源均衡和保障为目的的地方交付税补助金所占比例分别约为24%及18%。这两项内容年度支出会自动决定,所以除去它们以外的部分就是政策性经费,称为一般年度支出。社会保障相关费用在一般年度支出中占了最大比例,为54%以上。其次,公共事业相关费用占一般年度支出总额的近11%。

在年度收入预算中,税收收入占52%,43%左右靠借入的公债金收入来弥补。"除去借入以外的税收等的年度收入"减去"除去国债费的基础性财政收支对象经费"得到的基础性财政收支(Primary Balance)出现了大幅赤字,财政的可持续性已经成为问题。

(三) 财政投融资

在通常的预算以外,当民间实施某项事业或者资金筹措有困难时,在某些不通过税收、适用有偿资金的领域里,可以运用投资、融资的方式即**财政投融资**。作为资金运用计划的财政投融资计划与每年度预算编制工作一起制定执行。

财政投融资的对象一般为公共性较强的部门,比如国家的特别会计、政策金融机关、独立行政法人、地方政府、日本政策投资银行等特殊公司。财政资金的核心以前主要为邮政储蓄和养老公积金,但由于财政投融资改革,从2001年4月开始,通过财政融资资金特别会计发行的国债(财投债)及财政投融资机构发行的财投机关债,主要经由金融市场来进行资金筹集。

(四) 公共部门及其支出

如果针对家庭及企业等民间部门,掌握代表政府的公共部门的规模,一般政府级别的数据比较有意义。所谓一般政府,是包括国家(=中央政府)和地方(=都道府县·市町村的地方政府)的政府部门及社会保障账户(社会保障基金)这三个政府部门的统一概念。这些一般部门加上公共企业就是公共部门,2013年度公共支出在GDP(国内生产总值)中所占的比率约为25％。

其明细为政府的消费支出即政府最终消费支出占20％,政府的投资即公共资本形成约占5％。公共固定资本形成的水平,在20世纪90年代为8％左右,与欧美国家相比,日本始终保持高水平。但是,考虑到各种社会资本开发的水平比起以前提高了很多,再加上严峻的财政状况,公共固定资本形成的水平降低了。

不过,政府支出中,生活保障费和养老金等通过现金进行的社会保障发放、补助金支付及国债的还本付息费用,这些项目本身并没有提供服务,所以不包含在GDP中。加上这些支出,政府财政规模在GDP中所占比例为35％左右,高于美国,但低于欧洲各国。

二、税制及其课题

(一)税制改革

占财政收入较大比例的部分是由国民负担的税收。税收分为直接税和间接税。一般来说,直接税是指纳税人和赋税人是同一人的税种,所得税、法人税、遗产税等都是直接税。从国税收入的比例来看,所得税占30％,法人税占22％,是非常重要的税种。

与之相对,间接税是指纳税义务人与赋税人不一致,即纳税负担被转嫁的税种,包含消费税、酒税等。间接税中消费税是最大的税种,约占国税收入的23％。间接税如果对生活必需品进行征收的话,就容易变成累退税制,即越是低收入者相对于收入所负担的比例越高。直接税和间接税在税收中所占的比例(**直间比例**),与国民生活密切相关,其在国税中的比例为56∶44,在包括地方税的税收总额中的比例则为66∶34。

战后日本的税制,根据1949—1950年的"肖普税制建议"确立了所得税中心主义。但是,也有意见指出了它的弊端,比如税务当局针对不同行业收入的税负比率有差距,以及高累进税率影响了劳动积极性等。之后,日本经济的发展带来了产业结构的变化,收入水平的提高使服务支出增加,而对应的税制却跟不上这些变化,因此现在很有必要对经济的效率性和税收负担的公平性进行协调。并且,为了确保和稳定不断发展的高龄化社会的福利财源及实现财政健全化,确保税收收入的稳定增长也越来越必要。

因此,1989年进行了以公平、中立、简朴为基本理念的全面税制改革。它包括放宽所得税税率结构,下调法人税率,引进课税对象扩大到消费全体的消费税等内容。今后确立简单稳定的税制,协调针对收入(人)、消费(物)、资产(货币)的课税,消除国民对税收的不公平感,并确保必要财源,显得越来越重要。

(二)税收负担率和国民负担率

从日本的税收负担现状来看,表示相对于国民收入中税收(国税及地方税)所占比例的**税收负担率**,2014年度为24％,与欧洲各国相比仍处于较低水平。欧洲各国的消费税

第八章 财政与金融

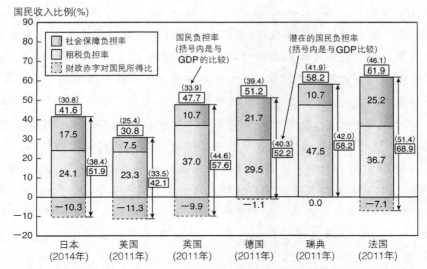

图 8-2 主要发达国家的国民负担率比较

注：(1) 日本的数据是 2014 年 (平成 26 年) 预期值，其他国家则是 2011 年的实际数值。
(2) 日本以及美国的财政赤字对国民所得比是从政府收入除去社会保障基金之后的基本数据，其他国家则是政府的基础数据。
出处：日本财务省主页。

及个人所得税的比重(分别约占国民收入的 14% 和 12%)远远高于日本(分别为 7% 和 7%)，特别是消费税这一附加税非常重要。

此外，社会保障支出费(养老金及健康保险等社会保险费)的负担与税收一样具有义务性，在国民收入中所占的比例称为**社会保障负担率**，税收负担率加上这个社会保障负担率就称为**国民负担率**。日本的国民负担率稍高于美国，但低于欧洲各国。瑞典是一个有名的高福利国家，但近几年其国民负担率为 58%，呈现下降趋势，比法国 62% 还低。

不过，国民负担率没有把会成为将来国民负担的高额财政赤字计算在内。以财政赤字这样的形式，将给后代带来的负担一直往后推，现在则享受高于当代人负担的行政服务。包括财政赤字在内的国民负担率称为潜在国民负担率，潜在国民负担率在 2014 年度达到约 52%。日本政府的目标是把将来的国民负担率控制在 50% 以下，但考虑到不断加剧的老龄化，及不断递增的国债余额，今后的国民负担率会高到什么程度，令人担忧。

专栏

目的税 (特定财源)

目的税是指有特定用途或专门为特定事业筹措经费而课征的税收。日本对

> 汽油征收挥发油税和地方道路税,这些都是用于道路建设和维修保养相关费用的目的税。但是,近年来,由于道路建设受到抑制,再加上为了使其有助于财政再建,开始正式重新讨论是否应该将这些道路特定财源转用于不特定用途的一般财源。
> 　另一方面,将消费税作为福利目的税这一构想受到广泛关注。可以预想到今后的老龄化社会中医疗、养老金等福利相关的支出将会增多。为了确保这些财源的稳定,产生了将消费税收入限定于福利相关支出这一目的税化的构想。这个构想也可以解释成为了缓和国民对提高消费税率的反感情绪的一种政治上的考虑。
> 　一般来说,将某种税收限定于某种特定用途不一定是高效的。因为将所有的税收集中起来,恰当地决定将其分配于哪种用途,这样编制预算的自由度就越高,相应地就越有可能编制出理想的预算。但是,目的税虽然具有限制预算编制自由的缺点,但有些时候,这样的限制反而有可能排除政治性因素的恣意介入而带来理想的经济运营结果。此外,它还具有受益和负担关系更明确的优点。

三、财政赤字和公债

(一)公债发行

　　国家及地方政府为了弥补不足财源,有时会发行公债(国债、地方债)。根据1947年制定的《财政法》的规定,日本的国债发行受到严格限制。但是,以1965年的经济萧条为契机,根据《财政法》第4条规定,发行了允许例外的建设国债。进入自20世纪70年代后半期开始的低成长期后,为了填补财政赤字,根据《特例法》的规定又发行了特例国债(赤字国债)。

　　在一般会计预算中公债收入所占比例为公债依存度,处于30%以上的状态,国债余额因此快速递增。为此,从20世纪80年代后半期开始到20世纪90年代前半期为止,国债发行量渐渐受到控制。另一方面,由于1989年消费税的导入,及泡沫经济带来的税收大幅增加,到1990年一度摆脱了赤字国债依存状况。

　　但是,为了应对20世纪90年代中期开始的泡沫经济崩溃后的经济衰退,再次发行了大量国债。再加上由于经济萧条而税收减少,1997年下半年发生的金融危机和亚洲经济混乱,经济萧条状况越加严重,政府采用了更加积极的刺激经济政策,实行减税,增加公共投资等,同时为了筹措财源,大幅增加了国债发行量。

　　到2008年,雷曼事件爆发,经济不景气,政府摆脱经济危机的措施导致日本的财政收入和财政支出增速的背离加大,继续大量发行国债,财政状况进一步恶化。

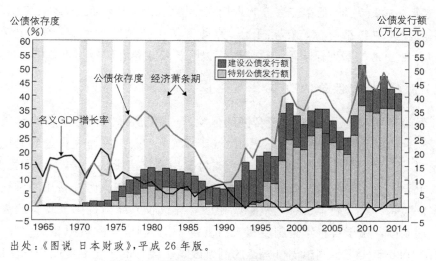

出处：《图说 日本财政》，平成26年版。

图8-3 公债发行额与公债依存度的变化

（二）公债余额的累积

由于近年国债发行额的大量增加，日本的国债余额也急速膨胀。1994年度为200万亿日元，2000年度则上升为368万亿日元，2007年度达到527万亿日元，预计2014年度末将达到780万亿日元。而且，除国家以外，地方政府也背负了高额债务，国家和地方的长期高额债务，在2014年年末将达1 010万亿日元左右，约是GDP的200%的水平。

2014年度的国债费约占年度支出预算的24%，情况非常严峻。因此，财政再建正在成为一个紧急的课题。发行国债，具有弥补经济萧条期的年度收入不足及需求的减少，重振经济等优点。但是，巨额的国债余额将会留下因还本付息带来的财政僵化，及给后代增加负担等问题。因此，国债的发行必须以长远的眼光，采取谨慎的态度。

四、社会保障制度的结构改革

（一）社会保障相关费用的增加

社会保障制度在现代福利国家里是很重要的制度，它在维持国民健康、确保生活安定上发挥着重要的作用。日本的社会保障相关费用在政府预算的一般年度支出中所占比例最大。

随着少子老龄化的加剧，可以预计社会保障的支付及其负担将会持续增加。其中，通过均衡各代人之间及同一代人之内的支付和负担，谋求制度的合理化、效率化，使它与日本的经济、财政协调发展，构筑一个可持续的制度，已经成为当前的要务。

占社会保障相关费用总额七成以上的社会保险费的上升非常显著。社会保险是指，为疾病、老年、残障、失业、工作伤害等的人们支付现金、提供社会服务,以安定生活为目的的公共保险。其中包括医疗、养老、工作、劳动者伤害补偿等保险,还有作为新制度从2000年度开始引入的护理保险等。这些医疗保险及公共养老保险的改革将不可避免。

(二) 医疗、养老保险的改革

医疗保险包括被雇用者保险(工会健康保险、全国健康保险协会掌管的健康保险等)和以一般当地居民为对象的地区保险(国民健康保险)。现在,在全民保险的制度下,国民可以接受任一适用的制度。但是,由于医疗支付费用的飞速增长,这样下去国民负担将不得不持续上升。有必要控制公共医疗支付的增长,特别是老年人医疗费用的增长。

养老保险是针对因老年、退休、残障或死亡等导致收入能力丧失或减少的人群,支付各种年金的制度。由于各种年金制度根据行业等不同,制度间的负担和支付存在较大差距,因此在1986年实行了调整支付差距的制度改革。现在的年金制度以全体国民共同参加的"国民年金(基础年金)"为基础(第一层),第二层为报酬比例年金"被雇用者年金"(厚生年金、共济年金),第三层为"企业年金"。只加入了国民年金的人,还有相当于企业员工及公务员等的第二层的"国民年金基金",但在现阶段只有有限的一部分人加入。伴随着各年金之间的差距调整,为了减轻不断增加的年金财政负担,政府正在采取阶段性上调领取年金年龄、适当调整支付水平、变更保险费率等措施。

另一方面,国民年金的空洞化问题也越来越严重。国民年金的被保险者中有两成以上是不缴纳保险金的,如果包括收入过低被免除缴纳保险金的人群和学生缴纳特例者在内,则被保险者的4成以上都没有缴纳保险金。产生这一状况的背景有自由职业者和啃老族增加这一社会现象。并且近年来,尽管在法律上有加入保险的义务,但是却不加入厚生年金的企业也在增加。公共年金制度所处的环境正在急剧恶化。为了求得支付与负担之间的长期性均衡,政府每五年会进行一次财政评估,但为了今后也能将可持续的稳定的公共年金制度维持下去,需要更进一步的研究和对策。

养老金的财政方式

公共养老金的财政方式有赋课方式和积累方式两种。所谓赋课方式,就是由同时期的劳动人口世代负担退休世代的养老金。积累方式则是在职期内为退休后的养老金缴纳保险金,这些保险金积累后形成的基金作为养老金在退休后定期领取。

日本的财政方式称为修正积累方式,位于积累方式与赋课方式之间。但是,实际情况非常接近赋课方式。从收入再分配的观点来看这两种方式的话,积累方式是同一代人内的再分配,即在早逝的人和长寿的人之间进行再分配。赋课方式在同一代人内再分配的同时,还存在从在职的一代人向退休这代人再分配的代际间再分配。

伴随着近年来快速发展的少子老龄化,依靠现在的修正积累方式(赋课方式),养老金财政的空洞令人担忧。由于赋课方式是在不同世代间进行收入再分配,如果世代人口发生变化,就有可能变成人口少的世代负担人口多的世代,产生代际间负担不公平的问题。

而与此相对,因为积累方式不发生代际间的收入转移,所以就算人口构成发生变化,养老金的负担、支付也不会受到影响。但是,如果出现通货膨胀的话,也会有在职时积累下的养老金将来会贬值的风险。

五、货币的职能和货币存量

(一) 货币的基本职能

货币在现代所有经济交易中都在被使用,是人类伟大的发明之一。它被称作经济的润滑油,甚至是血液。货币的基本职能有**一般交换手段**、**价值尺度**及**价值储藏手段**三种。

所谓一般交换手段是指货币使用于交易支付和结算中。价值尺度是指,比如用日元或美元等表示的商品或服务价值(价格)的统一单位。所有的资产都是价值储藏手段,但货币与其他资产相比,具有价值稳定,且可以不贬值立刻用于交易的"流动性"等特点。

货币的这些职能到底有多重要,与不使用货币的交易即"以物易物"(Barter)的低效率相比,就很容易理解了。在以物易物中,我们必须要找到一个交易对方,他必须有我们想买的东西,同时又想买我们要卖的东西。这称为"**欲望的双重一致**"。此外,没有统一的价值表示单位,就无法确认哪个便宜,哪个贵,很难进行多种多样的商品交易。并且,没有稳定且具有流动性的价值储藏手段,也很难立刻应对有利的交易机会或意外支出,也很难为了将来而储藏价值。

与这些职能相对应,家庭或企业保有货币的动机分为(用于支付的)交易动机、(应对意外支出的)预备性动机,以及(保有安全且高流动性资产的)资产动机。像这样,货币通过使现在及将来的经济交易效率化,支撑着经济活动,并且已经成为得到长足发展的最重要的基础建设之一。

(二) 货币形态的进化

从公元前开始,贝壳、贵金属等就被当作货币使用,而现在的货币是存款和纸币(及铸币)。现在的货币,并不是以前的贵金属等自身具有作为商品的价值的"商品货币"

(Commodity Money),它本身的材料没有价值,是由政令决定的"名义货币"(Nominal Money)。

但是,某种"物品"要被当作货币使用,其自身并不需要具有价值,只要人们认可它可以作为货币流通就行。因此,这个"物体"重要的是必须具有良好的耐久性和便于分割携带等的轻便性。但是,这个自身材料并不具有价值的"物品"要作为货币获得社会的信任,最重要的是,货币价值一直到将来都能保持稳定。

威胁货币稳定性的原因是物价持续变动、通货膨胀、通货紧缩。控制通货膨胀和通货紧缩以稳定物价,即稳定货币价值为主要任务的机构正是纸币的发行主体中央银行(在日本是半官半民的特殊法人——日本银行)。这就是中央银行被称作"通货的看门人"或"物价的看门人"的缘由。

(三) 日本的货币存量统计

在日本有多少被比喻为经济血液的货币在流通呢？这可以从日本银行公布的货币存量统计中找到答案。其中一部分如图 8-4 所示。货币存量统计,曾经被称为货币存量。日本银行制作、公布的货币存量统计不止一种。最狭义上的货币存量称为 M1,是正在流通的日本银行券的"现金货币"和"存款货币"的合计。包含在存款货币中的存款由普通存款和可以使用支票的活期存款构成。这些存款是可以立刻提取的存款,在这个意义上也被称为"活期存款"。

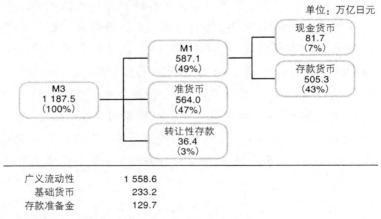

注:2014 年 6 月平均余额,括号中是占 M3 的比率。
出处:日本银行主页。

图 8-4 日本的货币存量

M3 是 M1 加上定期存款和转让性存款(CD),一个重要指标。定期存款还称为"准货币"。转让性存款,是指可以转让给他人的自由利率的定期存款,于 1979 年引进日本。M2 是为了与旧的货币存量统计保持连续性而制作的指标,和 M1 和 M3 不同,办理存款业务的金融机关里不包括日本邮政银行和信用合作社。

除此之外,作为最大范围的指标,制定并公布了 M3 加上投资信托、短期国债等一部分金融资产的"广义流动性"。

(四) 银行的信用创造

现金货币(日本银行券)是独家发券银行日本银行所发行的货币,而作为另一种货币的存款货币则由民间的金融机构银行来提供。那么,银行是怎样产生出存款货币的呢?银行的业务涉及多方面,但其基本的职能是吸收(接受存款)职能与发放(提供贷款)职能。银行是按照下述方式,通过这两项基本职能来创造出存款货币的。

在观察银行的存款创造时,有一个重要概念称为**高能货币**(High-powered Money)(或称为**基础货币** Monetary Base)。简单说来,就是中央银行(日本银行)对民间经济部门的负债。中央银行所承担的负债中,包括经济活动中流通的现金(即现金货币),和各银行存在中央银行的存款(称为存款准备金)。存款准备金是银行为了随时应对客户提取存款的要求而在中央银行以存款的形式预存的准备。关于存款准备金,有一项称为"**存款准备金制度**"的制度,银行必须将自己银行存款总额的一定比例(称为"法定准备率")存到设在日本银行里的自己的活期存款账户中去。于是,高能货币(H)就等于现金货币(C)加上存款准备金(R)之和。存款准备金又称作日本银行活期存款余额。

我们假设现在日本银行增加了某家银行的存款准备金。假如日本银行购入这家银行保有的国债,那么这家银行在日本银行的活期存款账户上就会增加相应的金额。银行为了提高收益,将增加的存款准备金用于贷款。假设接受贷款的借方 a 将贷款全额支付给企业 b。企业 b 将企业 a 的支票全额存到交易银行 B。这里便产生了银行信贷活动(信用创造)的结果——存款。

并且,银行 B 可以将新接收到的企业 b 的存款的一部分留作存款准备金,其余部分用于贷款。这样一来就形成了贷款——→存款——→贷款的连锁反应。像这样,一开始增加的存款准备金,通过银行的放贷、吸收存款活动,可以在整个银行界创造出几倍的信贷及存款。现在假设银行的存款准备金率(即存款准备金/存款余额)为 β,可以算出在上面的例子中,最终增加的存款货币为,最初的存款准备金的增加部分的存款准备金率的倒数($1/\beta$)倍。

(五) 货币存量与中央银行

在上节的例子中,我们假定存款企业不将存款的一部分换为现金,而进行全额存款。考虑到更普遍包括现金货币的情况,货币存量(M)应为存款货币(D)与现金货币(C)的总和。

家庭及企业等民间经济主体保有现金和存款的比例,称为现金存款比率,用 α 来表示。因此,α 等于现金货币(C)/存款货币(D)。与上例一样,我们假设银行的存款准备金率为 β 的话,根据高能货币的定义,货币存量 M 可以用以下公式表示:

$$M = (\alpha+1)/(\alpha+\beta)H$$

系数 $(\alpha+1)/(\alpha+\beta)$ 是信用乘数,也称货币乘数。由于存款准备金率小于1,所以可以看出信用乘数大于1。

上述公式如图8-5所示,一个国家的货币存量 M 等于高能货币 H 的货币乘数倍。这就意味着,只要货币乘数是稳定的、可预测的,中央银行就能通过调控自身负债的高能货币 H 来控制货币存量。

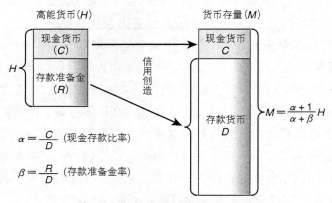

图 8-5 银行的信用创造和货币存量

电子货币与新型银行

于2001年上市的"edy"(现称乐天edy)是一种在IC卡中预先存储好金额后(事前支付方式),即可在店铺的终端设备上完成支付的新型货币业务。它亦可在乘坐铁路、地铁、公交车时作为乘车券来使用。像这样的电子货币替代了传统纸币和硬币得以愈渐普及。例如,JR东日本的"西瓜卡"等交通类电子货币和Seven&I Holdings的"nanaco",日本永旺(AEON)的"WAON"等流通类电子货币都是当今的主流。据悉,截至2014年1月末,主要的6家电子货币发行商的发行总量已超过了2.2亿张(《日经流通新闻》2014年3月10日)。电子货币得以普及的主要原因体现在公共交通方面可代替月票或乘车券的便利性以及在流通方面不仅免去了找零的麻烦,还可积累积分等。尽管电子货币主要用于1000日元以下的小额支付,其交易总额仍在3年内增长了3倍,于2013年超过了3万亿日元(《日本经济新闻》2014年3月3日)。最近,手机信用卡支付功能也在稳步发展中。在将来,关于该业务是否能达到与如今的电子货币同样的繁荣盛况正得到各方的关注。

另一方面，与传统的实体银行不同，由其他行业加入的新兴银行也逐渐为大众所知。其中一类是以于 2000 年成立的 Japan Net Bank 为首，即不设立通常的实体银行大楼，而是通过互联网平台开展业务的网上专营银行，现有索尼银行、乐天银行等共 6 家。由于省去租赁银行大楼的成本优势，比起传统实体银行，电子银行的贷款利率更低，而存息更高。电子银行的认知度正在稳步提高。另一种新型银行还有流通类的 Seven Bank 和 AEON Bank。Seven Bank 在所有 711 店内设置了 ATM 存取款机以开展存款、贷款、转账、汇款等业务。AEON Bank 则除了 ATM 机，还在购物中心内设置了银行服务窗口以开展住房贷款、保险、信托投资等各种业务。据统计，这类异类银行的全体存款总额已于 2013 年超过了 12 万亿日元（《日本经济新闻》2014 年 2 月 15 日）。现在，许多传统银行也开始利用网络处理业务。在电子货币与异类银行的主页上浏览相关业务内容也不失为一种乐趣。

六、金融的职能及其构成

（一）金融及其交易形态

所谓金融是指，从资金盈余或储蓄占优主体（资金贷方）向资金不足或投资占优主体（资金借方）的资金融通，或称资金的借贷。或者也可以把金融看作是现在的钱（资金）和未来的钱（资金）之间的交换（也称跨时间交易）。也就是说，所谓的金融不过是现在和将来之间（用资金表现的）的资源分配，其整体结构就称为金融体系。

金融交易中一般是由借方发行借用凭证，贷方筹措资金进行交换。借用凭证意味着对借方的资产及收益等具有请求权，对于贷方而言是一种金融资产。借用凭证（金融资产）有着各种各样的形态，比如存款、票据、债券、股票等。金融交易不分国内国外，并且在家庭、企业、政府等所有的经济主体间多重进行。与货币一样，如果金融交易不顺利进行，良好的经济活动及经济发展也几乎不可能实现。进行资金借贷的市场称为金融市场，金融市场中的专业机构称为金融机构。

资金融通的渠道是多样的，如图 8-6 所示，可以分为"**直接金融**"和"**间接金融**"两大块。直接金融是指最终贷方和最终借方在股票、债券市场等市场上通过市场交易，直接进行资金融通的方式。在直接金融方式中，贷方是在知晓借方有可能无法偿还借款的风险（违约风险）的情况下进行交易的。另一方面，在间接金融中，最终贷方与最终借方之间有银行等专业金融机构作为中间人介入，贷方、借方都和这些金融中介机构进行金融交易。比如，贷方将资金存进银行换取银行的存款凭证，而银行自己承担风险将贷方存进来的资金融通给借方。通过这样的方式,贷方可以回避借方的违约风险,以更安全的形式进行金融交易。其实现实中存在着各种形式的金融交易,但正如这个例子显示的那样,这些交易形态都具有将资金借贷的各种相关风险以多种方式进行再分配的功能(金融的风险分配功能)。

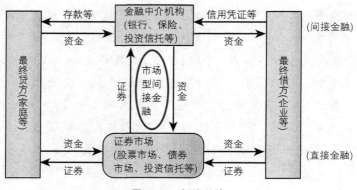

图 8-6 金融系统

(二)金融体系近来的变化

从高度成长期开始到 20 世纪 80 年代为止,以银行贷款为中心的间接金融方式一直是日本金融交易的主流。但是,作为日本经济发展的结果,随着一直以来的资金不足经济转变成资金盈余经济,日本经济的重点也从资金的筹措转移到了如何有效运用资金上去了。正好这个时候也有来自海外的压力,于是以废除管制利率、金融交易国际化等内容的"金融自由化"的呼声高涨起来了。并且,最终在 20 世纪 90 年代后半期,实施了以自由、公平、全球化这三项基本原则为基础的全面的金融自由化、金融制度改革,这被称作"**金融大爆炸**"。伴随着这些改革的实施,日本金融体系的重心由历来的间接金融方式渐渐转移为通过股票、债券市场等证券市场进行的金融交易,即直接金融方式。在金融大爆炸中,还加入了各种各样促进证券市场交易的改革措施。此外,可以称为间接金融与直接金融的中间型(**市场型间接金融**)的投资信托等也在不断发展。

(三)所谓利率

在银行存款会产生利息,向银行借款则需要支付利息。像这样,金融交易中利率(或者利息)是相随相伴的。对于借方来说,利率是一定期间内借 1 日元资金所需要支付的"租金",而对贷方而言则表示一定期间内贷出(或运作)1 日元所获得的收益(也称收益率)。

利率也可以说是资金的价格。因此,如图 8-7 所示,可以认为均衡利率 r_0 是由资金市场中的资金需求曲线与资金供给曲线的交点决定的。利率会根据资金的供需曲线的移动而发生变化。比如,银行的贷款供给(即资金供给)增加(资金供给曲线右移),资金需求减少(资金需求曲线左移)的话,利息就会降低。对银行的贷款供给产生巨大影响的是前面提到的中央银行的高能货币,下面我们将看到,中央银行通过金融政策来调控高能货币。

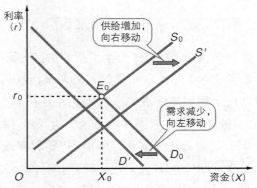

注：初期的需求曲线(D_0)与供给曲线(S_0)的均衡点是E_0,均衡利率是r_0。均衡资金量定为X_0。需求减少($D_0 \to D'$),供给增加($S_0 \to S'$),均衡点相应发生变化。

图 8-7　资金市场的供需曲线图

七、中央银行与金融政策

(一) 中央银行的作用与金融政策

如前所述,日本的中央银行是日本银行,依照它的成立根据法《日本银行法》(1997 年 6 月修订,1998 年 4 月施行)的规定,"日本银行的使命是,通过稳定物价为国民经济的健康发展作贡献,以及确保结算体系顺利且稳定运行,以利于金融系统的稳定"。为了完成这一使命,日本银行扮演着发行货币的银行、政府的银行、银行的银行这三个角色。也就是说,作为发行货币的银行独家发行日本银行券,作为政府的银行负责国库资金的出纳及管理,作为银行的银行,为了使资金交易顺利进行,对市场上的金融机构进行融资,保管存款(日本银行活期存款)。并且,以这些作用、功能为背景,它担负着制定和运营金融政策的责任。

金融政策(Monetary Policy)是中央银行通过广义上的金融市场进行的总需求管理政策,其主要目的(最终目标)除了稳定物价以外,还有稳定经济、减少失业实现充分就业等。金融政策的起草及决定由日本银行的最高决策机构政策委员会在金融政策会议上进行。关于金融政策的运用,《日本银行法》中明文规定了日本银行的独立性(自主性)。

日本银行执行金融政策的具体方法有以下三点:

(1) **法定利率操作**:调节针对商业银行的贷款利率的法定贴现率,影响资金供给。

(2) **公开市场操作**:通过与金融机构买卖国债,影响资金状况。日本银行买入国债(购入操作),则增加了货币供给,而相反出售国债(卖出操作)时则会吸收资金。这是日本银行日常使用的主要手段。

(3) **存款准备金率操作**:调节由"存款准备金制度"规定的法定准备金率,以调节货币存量。

但是,现在法定利率操作也不再作为金融政策手段被使用,其名称也变更为基准贷款利率。另外,存款准备金利率操作方面也存在法定准备金率长期没有变化的情况,事实上没有作为金融政策被实施。日本银行采取的政策手段就是市场公开操作。

（二）近年来的金融政策运营和日本银行的自主性（独立性）

1990年，日本经济发生了持续快速上涨的股价、地价的暴跌（泡沫经济崩溃），之后伴随着通货紧缩陷入了长期的经济萧条（通缩萧条）。日本银行为了走出通缩萧条，采取了下调法定利率等经济刺激政策。并且在1999年2月，采用了"直到通货紧缩的担忧消除为止，进行丰富且有弹性的资金供给，将金融政策的目标利率——隔夜拆借利率实际调节为0"。这就是史无前例的所谓的**"零利率政策"**。这里的隔夜拆借利率是指金融机构同业间超短期（1天）（称为短期贷款）的资金借贷交易的利率。日本银行的零利率政策持续到2000年8月。

2001年3月，日本银行采用了不是以利率水平为目标，而是以"日本银行活期存款余额"为新目标的新金融政策，决定将这一政策执行到消费者物价指数的前年比上升率稳定到0以上为止。这项金融政策，取代了以利率为目标的零利率政策，以日本银行活期存款余额（即高能货币）这一量化指标作为目标，在这个意义上，它被称为**"量化宽松"**的货币政策。

2005年开始，日本经济形势终于开始好转，日本银行预测（除生鲜食品以外的）消费者物价指数将转为正增长，并发言暗示将于2006年春解除量化宽松政策。对此政府则认为不该看消费者物价指数，从GDP平减指数来看下降趋势仍在持续，甚至有可能再次打断好不容易才出现的经济复苏，并施压日本银行坚持量化宽松政策。日本银行于2006年3月9日的金融政策会议上，决定解除量化宽松政策，并即日执行。

民主主义政治下，政府为了获得选举支持，往往容易采取经济刺激政策。过度的经济刺激政策容易导致通货膨胀，作为"货币、物价的看门人"的中央银行，有时候不应该轻易地服从政府的要求，正因为这样，修订后的《日本银行法》第3条中才会明确规定"尊重日本银行在货币及金融调控上的自主性"。另一方面，执政党是通过国民选举出来的，体现了民意，日本银行不能完全无视执政党及政府经济运营的相关意向，这也是事实。因此，《日本银行法》第4条规定："日本银行应该使货币及金融调节作为经济政策的一个环节，在此基础上，保持与政府的经济政策基本方针一致，与政府保持密切联系，进行充分沟通。"

2013年1月，日本银行在政策上强化与安倍政权的合作，发表了《摆脱通货收缩，实现经济发展》这一史无前例的联合声明，制定了"物价稳定的目标设为消费者物价上涨率比前一年增长2%"的通货膨胀目标政策。为了实现这一目标，同年4月份新上任的央行总裁黑田东彦，作为安倍经济政策的第一招，决定实施异次元超宽松政策，即量化与质化的金融宽松政策。其主要内容是为了实现2%的物价上涨（两年左右的期间），大量购买长期国债，让一年的基础货币增加到60万亿—70万亿日元，通过金融调控，2014年年末达到270万亿日元。为了达到持续稳定的通货膨胀为2%的目标，而持续实施金融宽松政策。

1. 请说明财政的三个功能作用,并说明国家和地方应该怎样分担财政的功能。
2. 请阐明税收负担率、国民负担率、潜在国民负担率这三者之间的关系。
3. 财政赤字伴随着各种各样的问题,请针对下列问题进行说明:
   (1) 财政运营的僵化和财政漏洞;
   (2) 政府债务和对宏观经济的影响。
4. 从日本银行的主页上找出货币存量的数据,并调查 2003 年 4 月以后的 M3(平均余额)的构成比(现金货币 C、存款货币 D 及准货币 TD)。它具有什么特征?
5. 依据本章第五节(四)中的银行的信用创造,请说明存款货币的增加为何是最初的存款准备金的增加部分的存款准备金率的倒数($1/\beta$)倍(提示:使用无限等比数列公式)。
6. 请用供需图思考中央银行实行金融紧缩政策时利率会发生怎样的变化。

第九章
国际商务中的经济学

我们的身边随处都有琳琅满目的外国商品,得益于贸易的互通有无,我们享受着每天丰富的生活。所以说贸易同我们的日常生活是息息相关的。还有,国际生产要素(劳动和资本)的流动也很频繁。作为决定和变动 GDP 的考察对象,将参考产品的国际交易的贸易、企业在海外的直接投资、汇率的决定和变动、贸易和汇率,把国际商务从经济学的角度进行解释。

首先,在第一节我们要说明为什么会产生贸易,以及贸易行为的发生到底会对贸易参与国带来怎样的利益。在第二节,主要是从经济福利的角度来比较自由贸易和保护贸易的收益,同时针对当下快速发展的区域经济整合提出几点思考。在第三节,考察直接投资(资本移动)对投资国和被投资国产生怎样的影响。在第四节,从国际交易和关系说明汇率是如何决定的,并且怎样变动。此外,也讨论内外利率和物价与汇率的关系。在第五节,探讨引进贸易的开放性经济中,GDP 是怎样被决定的而且怎样变动。然后,还研究汇率的变化给经常性收支和 GDP 带来怎样的影响。

✓ 关键词

比较优势	利益交换	国际分工	专业化所得收益
自由贸易	贸易保护	自由贸易地区	贸易创造效应
贸易转移效应	资本流动	资本边际产量	国际收支
经常性收支	金融收支	汇率	外汇需求曲线
外汇供给曲线	浮动汇率制	利息平价	购买力平价
均衡 GDP	对外贸易乘数	J 曲线效应	近邻贫穷化

一、贸易与资源分配

（一）比较优势

首先，我们来思考是什么原因让我们要进行贸易。针对贸易产生的主要原因，大卫·李嘉图曾有明确解释，被称为"比较成本理论"（Theory of Comparative Cost）。即各国出口相较于他国生产费用低的商品，相反，进口相对生产费用高的商品，以此从贸易中获得利益。

请看表9-1。现在假设日本与美国在生产X产品与Y产品两种商品。在日本与美国生产X产品分别以1单位1 000日元20美金，Y产品分别以1单位2 000日元和10美金来进行生产、销售。根据比较成本理论，即使以生产费用或价格都用不同的货币单位来表示，两国之间的贸易方向也是确定的。

基于表9-1，我们来考虑在日本国内，X产品和Y产品是以怎样的比率来达成交换的。从X产品的价格（1 000日元）与Y产品的价格（2 000日元）的关系我们可以看出，1单位X产品可交换0.5单位Y产品（1 000/2 000），反之，1单位Y产品可交换2单位X产品（2 000/1 000）。这就相当于所谓的"交换比率"或"相对价格"。另一方面，在美国，从X产品价格（20美金）与Y产品的价格（10美金）的关系我们可以看出，1单位X产品可交换2单位Y产品（20/10），反之，1单位Y产品可交换0.5单位X产品（10/20）。比较两国的交换比率，我们可以发现，用Y产品衡量的X产品的价格，日本方面较低；用以X产品衡量的Y产品的价格，则美国方面更低。

表 9-1 两种产品在两国的国内价格

	日本（日元）	美国（美元）
1单位X产品的价格	1 000	20
1单位Y产品的价格	2 000	10

因此，假设在两国贸易中没有关税和运费的影响，那么，日本通过出口X产品同时进口Y产品，而美国则通过出口Y产品进口X产品来获得收益。虽然在日本国内，1单位X产品只能交换0.5单位Y产品，但如果能够出口美国，那么，则可以交换到2单位Y产品，从而得到额外的1.5单位的收益。同样，在美国国内，1单位Y产品只能交换到0.5单位X产品，当出口日本时，则可以交换到2单位X产品，从而可以得到额外的1.5单位收益。因而，日本同美国愿意互相分别出口X产品和Y产品。像这样，各国通过出口相较于他国生产成本更低的商品来获得收益。

在这个案例中，日本在X产品上拥有**比较优势**（Comparative Advantage），Y产品则处于**比较劣势**(Comparative Disadvantage)。而美国在Y产品上拥有比较优势,X产品则处于比较劣势。比较优势即相对于他国价格较低,比较劣势即相对于他国价格较高。总之,各国通过出口拥有比较优势的商品,同时进口处于比较劣势的商品,从而获得收益。

即使两国货币单位不同,在各自国内交换比率存在差异的情况下,通过相互交换可以获得利润。产生贸易的主要原因在于其中存在着**利益交换**。

(二) 生产专业化和资源分配

从表9-1我们可以看出,在日本X产品的价格,在美国Y产品的价格相对低。这就意味着,较之美国,X产品在日本的生产率相对高;反之,同日本相比,Y产品在美国拥有更高的生产率。即与他国相比生产率越高,价格就会越低,该产品就能获得比较优势。另外,劳动以及资本的质与量、技术水平、天然资源、土地、气候等,也是影响生产率的重要因素。

各国虽然通过相互出口拥有比较优势的相对便宜商品来获得收益,但是一旦贸易行为发生,贸易参加国都想尽可能获取更多的利润。因此,日本想出口更多的X产品,美国想出口更多的Y产品。日本进口低廉的Y产品的同时,Y产品的相对价格下降,比较劣势的Y产品的生产缩小。此时,比较优势的X产品的相对价格上升,X产品的生产扩大。而在美国,比较劣势的X产品的生产缩小,比较优势的Y产品的生产扩大。像这样,随着贸易的开始,生产要素在产业间移动,产生产业结构的转换。这被称作"产业结构调整"。

在贸易参加国中,产业结构调整的结果,生产要素集中到拥有比较优势的商品生产中,产生了**生产专业化**(Specialization)的现象。通过生产专业化,贸易参加国各自负责本国拥有比较优势商品的生产。像这样的国际性生产分工被称为**国际分工**(International Division of Labor),而贸易就建立在国际分工的基础上。概括来说,能够从贸易中获益的前提是,在各国,生产要素从处于比较劣势的生产部门(进口竞争商品)转移到拥有比较优势的生产部门(出口商品),推进生产专业化的发展,形成国际分工。

根据表9-1,我们来试着考察一下伴随生产专业化将会产生哪些变化。贸易开始前,在日本,生产1单位X产品和1单位Y产品需分别投入1 000日元、2 000日元的费用。在美国,生产1单位X产品和1单位Y产品需分别投入20美元、10美元的费用。基于两国生产状况,全球一共只生产2单位X产品和2单位Y产品。

贸易开始后,我们假设会出现日本和美国分别只生产X产品和Y产品的"完全专业化"现象。那么日本将投入全部费用3 000日元于X产品的生产,而美国会投入其全部费用30美元用于Y产品的生产。这时,日本将生产3单位X产品。这是因为,每单位X产品的生产费用是1 000日元,那么投入3 000日元则能够实现3单位的生产。同样,美国将生产3单位Y产品。其结果是,较之贸易开始前,全球的X产品和Y产品的生产量得到了扩大。在贸易开始前,全球总共只生产2单位X产品和2单位Y产品,随着贸易开始,由于生产专业化,X产品与Y产品的产量均分别增长到了3单位。

随着生产专业化的发展,资源能够得到更有效的配置,产量也会随之增加。总之,贸易发挥了使经济效率化的功效。这被称作**"专业化所得收益"**。虽然全球产量扩大了,但产量的增量是如何在贸易参加国之间分配的,这就要取决于国际交换比率(称为"贸易条件")。贸易条件指数与贸易对象国的国内交换比率越接近,那么,本国获益就会增多;反之如果与本国的国内交换比率越接近,那么,本国获益将会减少。

贸易收益,由交换所得收益与专业化所得收益构成。贸易收益在关税或非关税壁垒等阻碍贸易发生的因素不存在的自由贸易的条件下,贸易收益得到最大化。这是因为,在自由贸易下,资源得到最有效的配置,全球生产量实现最大化。

二、贸易与经济福利

(一) 自由贸易

首先,让我们根据局部均衡分析理论,针对本国的进口竞争商品市场来探讨自由贸易的收益。在图9-1中,某商品(如农产品)的国内需求曲线表示为 DD',供给曲线表示为 SS'。当本国经济处于不进行国际贸易的封闭经济条件下时,国内的需求全部由国内的供给来满足。因此,农产品的需求和供给在 DD' 与 SS' 相交的 E 点重合,相对应的国内价格为 P_0、交易量为 Q_0。这个时候,消费者剩余为三角形 DEP_0,生产者剩余为三角形 SEP_0,封闭经济下的经济剩余合计为三角形 DES。

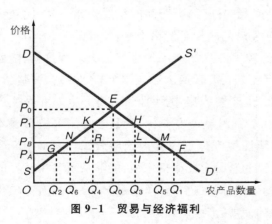

图 9-1 贸易与经济福利

假设本国开放农产品市场,同他国(A国与B国)之间进行贸易往来。在国际市场上,A国和B国分别以 P_A、P_B 的价格供给。当他国以较本国低的价格供给时,迫使本国从自给自足转变为进口他国产品。但是,由于A国价格 P_A 较之B国价格 P_B 更低,则本国选择从A国进口而非从B国进口。那么,在本国,比国内价格 P_0 更低的、国际价格为 P_A 的商品流入,国内生产者和消费者开始以 P_A 的价格进行生产和消费。

由于价格下落,本国消费者需求量从 Q_0 增长到 Q_1。另一方面,生产者被迫缩小生产,供给量从 Q_0 减少到 Q_2。这样的结果是,国内市场产生了相当于 Q_1-Q_2 的超额需求。但是在市场开放的条件下,超额需求量 Q_1-Q_2 通过进口得以消除。另外,随着贸易开始,消费者剩余从三角形 DEP_0 扩大到三角形 DFP_A,同时生产者剩余从三角形 SEP_0 减少到三角形 SGP_A。这样一来,消费者剩余的增加量大于生产者剩余的减少量,本国的经济剩余增加了三角形 EFG。这就相当于进口竞争性商品市场中自由贸易的收益。

贸易与生产要素价格

由于进口集中土地投入生产的农产品导致土地价格下跌,实质上达到了与进口土地相同的效果。当从国外进口价格相对低廉的农产品时,会迫使国内成本投入高的农民弃农。这样一来,农民放出所拥有的土地,土地供给增加,从而使土地价格下跌。

这样,可以说贸易对生产要素价格产生影响。当某商品的出口(进口)增加时,其生产将会扩大(缩小)。这时,集约性投入该商品的生产要素的需求会增加(减少),结果导致生产要素价格的上升(下落)。这就是我们知道的"**赫克歇尔—俄林定理**",导出了贸易扩大的结果是使生产要素价格在国际均等化这一命题。

(二)贸易保护

因为进口竞争性商品市场的开放,广大的消费者获得了利益,而遭受损失的生产者却集中在少数及一些特定的人群。产量的变化是产业结构调整的结果,随着产业结构调整的继续,也带来了收入分配的变化。例如,在农产品部门,贸易自由化的同时,产生了就业量的减少以及生产要素回报的减少。因此,蒙受损失的生产者开始向政府要求启动贸易保护政策。

那么,我们来考虑出于保护国内产业的目的对进口商品征收关税的情况。假设本国向每1单位的进口农产品征收 T 日元的进口关税。那么,从 A 国进口商品的价格升至 P_A+T,从 B 国进口商品的价格变为 P_B+T。基于 A 国同 B 国存在价格差 $(P_A+T)<(P_B+T)$,依然选择从 A 国进口。

因为征收进口关税,国内生产者和消费者开始以 $P_1=P_A+T$ 的价格进行生产和消费。由于价格上涨,农产品的需求量从 Q_1 减少至 Q_3,供给量从 Q_2 增至 Q_4。因此,进口量从 Q_1-Q_2 减少至 Q_3-Q_4。进口关税带来国内生产的扩大,实现国内产业的保护。但是,同自由贸易相比,经济剩余也相应减少。消费者剩余在自由贸易下为三角形 DFP_A,但在进口关税的影响下缩至三角形 DHP_1,缩小了四边形 P_1HFP_A。生产者剩余从自由贸易下的三角形 SGP_A 扩大至三角形 SKP_1,增加了四边形 P_AGKP_1。另外,政府由于征收关税,每进口1单位商品则获得 $(Q_3-Q_4) \times T$ 的关税收入。相当于四边形 $HIJK$。假定关税收入最终会以政府支出的形式返还于民间,那么,这部分可视为剩余。

其结果是,从消费者剩余的减少量四边形 P_1HFP_A,减去生产者剩余的增加量四边形 P_AGKP_1 及相当于关税收入的四边形 $HIJK$,三角形 FHI 和 GJK 为剩余的净减少量。其中,三角形 FHI 相当于伴随价格上升产生的消费者剩余的净减少量,而三角形 GJK 表示的是伴随进口商品生产扩大的生产的低效化。贸易保护发挥了保护特定的国内生产者的作用,但同时也带来了较之自由贸易减少了经济剩余的副作用。

(三) 自由贸易区

贝拉·巴拉萨将区域经济整合分为 5 个阶段。第 1 个阶段为**自由贸易区**。在该阶段,协定国在区域内互相推进自由贸易,在面向区域外时各国推行独立的贸易政策。第 2 阶段为**关税同盟**。这一阶段旨在为区域内推进自由贸易的同时,对区域外推行共通的贸易政策。第 3 阶段为**共同市场**。在这一阶段,以关税同盟为基础,并使域内生产要素自由化。第 4 阶段为**经济联盟**。其目的在于在共同市场的基础上,实现经济政策的调整。第 5 阶段为**充分的经济整合**。旨在创建超国家机构。

在这里,根据图 9-1,就 J·维纳提出的自由贸易区域理论来进行探讨。在本国征收进口关税的条件下,基于 A 国与 B 国之前存在价格差,选择从 A 国进口农产品,这时农产品的国内价格为 P_1。现在,假设因地理因素或历史背景的影响,本国同 B 国之间创设了自由贸易区。在区域内开展自由贸易,本国取消了对 B 国进口关税的征收。由于对区域外各国推行独立的贸易政策,本国仍然对 A 国征收 T 日元的进口关税。因此,A 国的进口商品价格包括关税,依然为 P_1;而 B 国进口商品价格降至 P_B。从这时开始 $P_1 > P_B$ 的关系成立,商品进口国从 A 国变为 B 国。

随着自由贸易区的形成,国内的消费者和生产者开始在 P_B 的价格下进行活动,需求量从 Q_3 增至 Q_5,供给量从 Q_4 减至 Q_6。消费者剩余从三角形 DHP_1 变为三角形 DMP_B,增加量为四边形 P_1HMP_B。生产者剩余从三角形 SKP_1 缩小为三角形 SNP_B,减少量为四边形 P_BNKP_1。自由贸易区域下的经济剩余等于三角形 DMP_B 与三角形 SNP_B 之和,同征收关税时相比,恢复了三角形 HLM 和三角形 KNR 的剩余。这一部分回收的剩余被称为"贸易创造效应"。

另一方面,进口关税下的经济剩余为三角形 DHP_1、三角形 SKP_1、四边形 $HIJK$ 的总和,所以在创设自由贸易区后,失去了相当于四边形 $IJRL$ 的关税收入。这一部分损失的剩余被称为"贸易转换效应"。最后,若贸易创造效应(三角形 HLM 和三角形 KNR 之和)大于贸易转换效应(四边形 $IJRL$),那么,自由贸易区的形成就体现了优势。这就是 J·维纳的自由贸易区域理论的核心思想。

不过,当今的区域经济整合中,不仅包括贸易自由化,还包含了区域间劳动、资本等生产要素的自由流动的推进,以及放宽管制、完善法制等国内措施的协调。这样一来,除了要讨论贸易创造效应和贸易转换效应这样的静态效应,还有必要讨论区域内市场规模的扩大及生产率的提高等的动态效应。区域经济整合通过扩大市场规模实现规模经济效果,实现成本的递减,以及给各国的国内市场施加竞争压力,带来生产效率的提高。区域内的生产要素一旦出现价差,生产要素便会根据价格差距而发生转移,在使区域内资源配置效率化的同时,引发各国生产结构的变化。生产要素移动的自由化,通过伴随资本和人力资源的积蓄带来的生产技术和知识的提高、普及,促进了生产率的上升和经济增长,实现其动态效应。

在 WTO 指向的多国框架中推进自由贸易时,在本国,仅仅产生等于三角形 FHI 和三角形 GJK 之和的贸易创造效应。这显示了在推行多边自由贸易的情况下,可产生最大的经济剩余。WTO 以所有商品和服务为对象实现区域内的贸易自由化。同时,对区域外以不提高贸易壁垒为条件,协调与区域经济整合。并且伴随区域经济的贸易自由化有着补充和完善 WTO 的作用,在日本自由贸易协定的谈判和签署,都伴随着他国要求农业市场和劳动市场的开放,可以说还有许多问题亟待解决。

三、资本流动

企业海外发展而进行的直接投资,被定义为包括资本流动的经济资源的转移。资本流动的分析,有利于了解企业直接投资的效果。伴随着资本流动,国际上会发生收入的转移。因此,这里就需要用到国民总收入(GNI)的概念。

让我们来思考国际间的资本流动会产生怎样的影响。现在假设两个国家(Ⅰ国和Ⅱ国)生产出了相同的产品,生产函数用下面的等式表示:

$$Q = f(K)$$

K 表示资本投入量,Q 表示商品生产量,增加资本投入会扩大生产规模。资产投入多增加 1 单位时的产量的增量 $\Delta Q/\Delta K$ 称为资本的**边际产量**(Marginal Product of Capital)。随着资本投入的增加,资本的边际产量反而会逐渐减少。这是因为如果资本以外的生产要素(劳动力)的投入恒定,则资本投入越增加,劳动力投入会越来越不足,而导致生产效率低下。

那么,我们来看生产要素的最佳投入量。它是生产要素的边际产品价值(产品价格与边际产量之积)与生产要素价格一致时的投入量。前者是生产要素多增加 1 单位时的收入的增量,后者等于生产要素多增加 1 单位时的费用的增量。边际产品价值超过要素价格时,可以通过加大生产要素投入来扩大利润。反之,当边际产品价值低于要素价格时,通过减少生产要素投入来增加利润。

简便起见,假设产品价格恒定为 1,那么,边际产品价值等于边际产量,企业可以将资本投入量设定为资本的边际产量 MPK 与资本报酬率实现一致。图 9-2 中显示了Ⅰ国的边际产量曲线 $MPK_Ⅰ$ 与Ⅱ国的边际产量曲线 $MPK_Ⅱ$。从生产要素最佳投入的条件来看,资本的边际产量曲线正是企业的资本需求曲线。Ⅰ国、Ⅱ国保有的资本量分别是 $O_ⅠC$、$O_ⅡC$,全世界的资本总量为 $O_ⅠO_Ⅱ$。在封闭经济条件下,Ⅰ国、Ⅱ国的资本报酬率

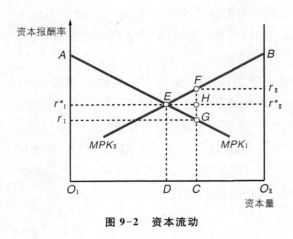

图 9-2 资本流动

分别为 r_I、r_{II}，而资本保有量较多的 I 国资本报酬率下降。I 国的总生产用四边形 $O_I AGC$ 表示，四边形 $O_I r_I GC$ 表示资本所有者所得，三角形 AGr_I 作为劳动者所得进行分配。II 国的总生产是四边形 $O_{II} BFC$，资本所有者所得是四边形 $O_{II} r_{II} FC$，劳动者所得是三角形 BFr_{II}。

假设两国都决定开放市场。由于资本报酬率的差距，从 I 国到 II 国便产生了资本流动。资本流动的大小用 CD 表示。其结果是两国的资本报酬率实现均等化，$r_I^* = r_{II}^*$ 成立。在 I 国，由于资本流动国内生产减少为四边形 $O_I AED$，从 II 国得到相当于四边形 $CDEH$ 大小的资本报酬所得。国民总收入等于资本流动前的总生产加上三角形 EGH，资本所有者所得增加为四边形 $O_I r_I^* HC$，劳动者所得减少为三角形 AEr_I^*。在投资国成了对资本所有者有利的所得分配。而在 II 国由于资本流入国内生产扩大为四边形 $O_{II} BED$。其中，四边形 $CDEH$ 相当于支付给 I 国的资本报酬，国民总收入与资本流动前相比，只增加了三角形 EFH。资本所有者所得减少为四边形 $O_{II} r_{II}^* HC$，劳动者所得增加为三角形 BEr_{II}^*。在被投资国成为对劳动者有利的所得分配。

伴随着资本流动，从世界整体范围看，三角形 EFG 的生产、所得都有所增加，资源配置更有效率。可以将 I 国换成发达国家，II 国换成发展中国家，从所得分配的观点来看，I 国的劳动者和 II 国的资本所有者可能会对资本流动的自由化发出反对的声音。但是，长远来看，随着技术水平的提高，人力资源的积累，两国的劳动者、资本所有者都会体会到所得扩大的好处。尤其是直接投资（资本流动）会对被投资国的扩大就业、提高技术水平等方面作出巨大贡献。另一方面，也有观点表示担忧，直接投资可能会导致投资国出现产业空洞化的问题。短期来看会导致就业减少，但长远来看会造就产业结构的高度化。

四、国际交易与汇率

（一）国际收支

国际收支（Balance of Payments）是记录某国居民与他国居民之间一定时期内所进行的所有经济交易记录。一国的对外经济交易都会被归总在国际收支表中。表 9-2 表示的是日本的国际收支。国际收支大致分为经常性收支、资本转移等收支、金融收支。

表 9-2　日本的国际收支　　　　　　　　　　　　　　　　　　　单位：亿日元

	2009 年	2010 年	2011 年	2012 年	2013 年
经常性收支	135 925	190 903	101 333	46 835	32 343
贸易与服务收支	21 249	65 646	−33 781	−83 041	−122 521
贸易收支	53 876	95 160	−3 302	−42 719	−87 734
出口	511 216	643 914	629 653	619 568	678 290
进口	457 340	548 754	632 955	662 287	766 024
服务收支	−32 627	−29 513	−30 479	−40 322	−34 786
第一次所得收支	126 312	136 173	146 210	141 322	164 755
第二次所得收支	−11 635	−10 917	−11 096	−11 445	−9 892
资本转移等收支	−4 653	−4 341	282	−804	−7 436
金融收支	161 859	222 578	132 284	49 158	−16 310
直接投资	57 294	62 511	93 101	94 999	130 237
证券投资	205 053	132 493	−129 255	32 215	−254 838
衍生金融产品	−9 487	−10 262	−13 470	5 903	55 516
其他投资	−116 266	−89	44 010	−53 445	14 271
外汇储备	25 265	37 925	137 897	−30 515	38 504
误差遗漏	30 587	36 017	30 669	3 126	−41 217

出处：日本财务省，《国际收支状况》。

经常性收支表示商品和服务的对外交易以及所得的转移,包括贸易与服务收支、第一次所得收支、第二次所得收支。贸易与服务收支包括记录有形商品进出口的贸易收支和无形商品交易往来的服务收支。第一次所得收支记录了有关劳动者报酬和投资收益的所得收支。第二次所得收支包括无偿资金协助和食物与医疗等无偿援助。

资本转移等收支包括了为实现资本形成的无偿援助。

金融收支记录了有关本国在海外拥有的资产,外国对本国所持有的资产(从本国来看是负债)的交易,包括直接投资、证券投资、金融派生商品、外汇储备(政府、中央银行等政府机关的外汇产品的增减)。

国际收支统计以复式簿记概念制成,理论上下列恒等关系成立：

经常性收支＋资本转移等收支－金融收支＝0

经常性收支为黑字(赤字)时,产生对外净资产的增加(减少)。如果把资本转移等收支减少,经常性收支黑字时,资产的净增加多于负债的净增加,金融收支变黑字。反过来说,经常性收支赤字时,资产的净增加少于负债的净增加,金融收支成赤字。比如,经常性收支黑字国,国内生产(GDP)大于国内支出(消费支出、投资支出、政府支出的合计),并且民间储蓄与投资(储蓄和投资支出的差)再加上财政收支的值为正。这时,国内出现资金盈余,它表现为对外资产的净增加这一形式,理论上等于金融收支的黑字。但是,由于记录的不正确性和外汇换算时会出现不整合等情况,可以设立误差遗漏这一项来达到最终的整合。

在国际收支中,收入与支出相等时称为"均衡",收入大于支出时称为"黑字",支出大于收入时称为"赤字"。在国际上,尤其是经常性收支的黑字或赤字经常成为争议的对象。这是因为经常性收支同国内生产活动密切相关。

(二) 外汇市场与汇率

当面临对外经济交易中的货款结算时,外汇市场上会发生本国货币和外国货币的交换。两者的交换比率即汇率(Exchange Rate)。汇率的表示方法有两种,一种是直接标价法,另一种是间接标价法。前者表示为1单位外国货币能交换多少单位的本国货币。例如,1美元=100日元这样的表示方法。后者表示的是1单位本国货币能交换多少单位的**外汇**货币。例如,1日元=1/100美元这样的表示方法。在日本采用的是直接标价法。

这里,我们把汇率从1美元=100日元变动为1美元=80日元的情况称为"日元升值或美元贬值"。这时,相对于美元的日元价值相对上升。由于日元的相对价值上升,日本商品的美元标价相应上升,外国(美国)商品的日元标价相对下跌。例如,在表9-1中,日本出口商品 X 的美元标价,在1美元=100日元的汇率下为10美元(1 000/100),在1美元=80日元的汇率下为12.5美元(1 000/80),我们可以看出美元标价的上升。另一方面,美国出口商品 Y 的日元标价,随着日元升值或美元贬值,从1 000日元(10×100)跌落到800日元(10×80)。反之,当汇率从1美元=80日元变动为1美元=100日元时,我们称为"日元贬值或美元升值",表示相对于美元,日元的价值相对下跌。

让我们来考虑一下对外经济交易与外汇(美元)的需求与供给的关系。当日本企业进口,或日本投资者购入美国的证券等时,就会出现日本向美国的支付,这就需要美元。这些交易过程中,用日元兑换美元。换言之,就是供给日元需求美元。另一方面,当日本企业出口,或外国投资家购入日本的证券等时,日本方面就会获取美元,市场上美元被出售。这时,会出现从美元向日元的兑换,结果是供给美元,需求日元。

如上所述,当日元升值或美元贬值时,美国商品的日元标价下跌,从而引起进口的增加。并且,当其他条件不变时,美国证券的日元标价下跌,日本投资者的证券购入会增加。其结果是,日元越是升值,美元越是贬值,对于美元的需求和对于日元的供给也将增加。

在图9-3中,汇率与美元需求的关系表示为外汇需求曲线 DD。另外,DD 也是"日元供给曲线"。

另一方面,日元升值美元贬值,会使日本商品的美元结算价格上升,出口减少。并且,日本证券的美元结算价格也会上升,外国投资者对日本证

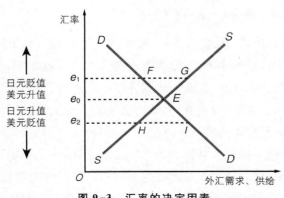

图9-3 汇率的决定因素

券的投资也会减少。最终,日元升值美元贬值会造成美元供给及日元需求双方的减少。汇率与外汇供给的关系表示为外汇供给曲线 SS,同时它也是"日元需求曲线"。

从图 9-3 中可以看出汇率是如何决定的。在浮动汇率制度(Flexible Exchange Rates)下,汇率反映了外汇的需求与供给。图 9-3 中在外汇需求曲线 DD 与外汇供给曲线 SS 的交点 E 时,美元的需求与供给(日元的需求与供给)实现均衡,这时的汇率 e_0 为均衡汇率。在 e_0 的汇率下,对外国的支付与收入一致,国际收支实现均衡。

汇率偏离均衡汇率出现日元贬值美元升值 e_1 时,会产生美元供给过剩(日元需求过剩)FG,国际收支出现黑字。这时,随着日元升值美元贬值 e_1 向 e_0 变化,美元的供给过剩和日元的需求过剩会得到纠正。相反,若是偏离均衡汇率出现日元升值美元贬值 e_2 时,会产生美元需求过剩(日元供给过剩)HI,国际收支出现赤字。这时,随着 e_2 向 e_0 变化,日元贬值美元升值,国际收支趋向均衡。

在浮动汇率制度下,政府和中央银行不进行干预,通过汇率的变动实现国际收支平衡。因此理论上,由于外汇储备的增减为零,所以国际收支平衡是指从经常性收支扣除外汇储备的金融收支的值为零的情况。(资本转移等收支忽略不计。)

汇率根据外汇的需求及供给的变化而产生变动。比如,如果日本的利率下降,日本投资者会增加购买美国的证券,DD 右移,引起日元贬值美元升值。相反,美国的利率下跌时,外国投资者会扩大对日本证券的购买,SS 右移。结果汇率会变为日元升值、美元贬值。并且,日本的物价上涨会引起出口的减少(SS 左移)和进口的增加(DD 右移),使日元贬值、美元升值。

(三) 利率裁定与汇率

本节将针对国际性资金流动,从它与金融市场的关系来考察短期内对汇率的影响。这种理论试图弄清国际利率裁定与汇率关系,称为**利率平价**。

假设现在投资者拥有一定的资金,正被迫作出选择,该用这笔资金来购买国内的金融资产,还是该投资到国外、购买国外的金融资产。在这项选择中,日本和外国(美国)的利率差就成为一项指标。比如,当日本的利率高时,投资日本的金融资产较有利;相反,如果美国的利率高,则投资美国的金融资产变得有利。

但是,这种关系是基于固定汇率或者完全可以预测到将来汇率变动的情况下才成立的。也就是说,在没有汇率变动风险时,国内外的利率差会决定投资的方向。现在,假设日本与美国的利率相等。这时不存在利率差,如果只看这一指标,无论是购买日本的金融资产还是购买美国的金融资产都是一样的。但是,如果预测将来汇率会趋向于日元贬值、美元升值时,就算现在利率相等,购买美国的金融资产也将更有利。

我们来思考日本的投资者用一定资金 X 日元来购入国内金融资产这种情况。假设日本的利率为 r,一定时间后本利合计能收回 $(1+r)X$ 日元,从下面等式可以算出日本的金融资产收益率等于利率。

$$\frac{(1+r)X - X}{X} = r$$

投资美国资产时,首先需要将资金换算为美元。假设用本国货币表记的汇率为 e,则购入美国金融资产的金额为 X/e 美元。假设美国的利率为 r^*,一定期间后本利合计能回收 $(1+r^*)(X/e)$ 美元。为了将其与最初的投资额 X 日元进行比较,需要把它换算为日元,但是无法确定将来的汇率。所以,投资者们会在预测将来汇率的基础上来决定是否进行投资。假设预测汇率为 e^e,则预测回收金额为 $e^e(1+r^*)(X/e)$ 日元,美国的金融资产收益率为:

$$\frac{(e^e/e)(1+r^*)X - X}{X} = r^* + \frac{e^e - e}{e} + r^* \frac{e^e - e}{e}$$

$(e^e - e)/e$ 为"汇率波动率"(用 E 表示),假设 r^*E 的值小到可忽略不计,上面的式子就可以简化为 $r^* + E$。

这样,在决定国际资金流动时,不只要考虑利率,还须考虑汇率波动率。

经过日本的收益率 r 与美国收益率 $r^* + E$ 的比较,会决定购入收益率较高的金融资产。由于日本的利率上升而导致 $r > r^* + E$ 时,会购入本国的金融资产,卖出美元,买进日元。因此,现实汇率变为日元升值、美元贬值(e 下跌),通过 E 的上涨而实现两国收益率一致。而随着日本利率的下降(或者是美国利率的上升),$r < r^* + E$ 时,会购入美国的金融资产,卖出日元,买进美元。现实汇率变为日元贬值、美元升值(e 上升),通过 E 的下降而实现两国收益率一致。

汇率的预测波动 e^e 被修正为日元贬值、美元升值,汇率波动率上升,$r < r^* + E$ 时,买进外国金融资产,实际的汇率 e 也变为日元贬值、美元升值。也就是说实现了预测的汇率变化。

通过以上投资行为,日本与美国的收益率实现一致:

$$r = r^* + E$$

这一等式成立时,资金的国际流动停止。上面的等式相当于利率裁定条件,从这一等式可以明了利率与汇率之间的关系。

(四) 购买力平价

我们来看物价与汇率的关系。这个理论称为购买力平价(Purchasing Power Parity)理论,它能说明长期汇率是怎样决定的。理论上,我们假定一个"古典派"世界,它以充分就业为前提,只有货币变量会发生变化。

购买力平价理论是指为了使 1 单位国内外货币的购买力(1 单位货币能买到多少货物)相等,来决定汇率水平的思考方式。国际上货物的"一物一价"成立以及同一性质货物的价格一致这两个条件是这一理论的背景。

假设作为国际贸易对象的货物(称为贸易货物)是同一性质的,且该货物的日元表记价格为 P,美元表记价格为 P^*,通过本国货币表记的汇率 e,可以得出:

$$P = eP^*$$

这一等式成立。这就是购买力平价理论的基本形式。

并且,针对所有的货物,如果国际性一物一价成立的话,P 与 P^* 则可以分别看作日本与美国的"一般物价水平"(综合个别货物价格得出的所有商品和劳务的平均价格水平)。可以看出,如果美国的物价 P^* 不变,则日本物价 P 的上涨会导致日元下跌、美元上涨(e 上升),而当日本的物价 P 一定时,美国的物价 P^* 的上涨会导致日元上涨、美元下跌(e 下降)。

让我们用表 9-1 中来进行确认。当 1 美元=50 日元时,日本的 X 产品和 Y 产品的美元结算价格分别为 20 美元和 40 美元。因此,如果相较于 1 美元=50 日元出现日元升值、美元贬值的话,那么,X 产品和 Y 产品的美元结算价格会高于这两种产品在美国的销售价格,无法实现基于比较优势的贸易。相反,如果 1 美元=200 日元,日本的 X 产品和 Y 产品的美元结算价格分别为 5 美元和 10 美元。因此,如果相较于 1 美元=200 日元出现日元贬值、美元升值的话,这两种产品的美元结算价格会低于美国的价格,还是无法实现基于比较优势的贸易。即,为了实现基于比较优势的贸易,需要将汇率控制在 1 美元兑换 50 日元至 200 日元的范围内。

这里,我们假设日本的物价水平翻倍,X 产品的价格涨至 2 000 日元,Y 产品的价格涨至 4 000 日元。就算物价上涨,但国内的交换比率不变,贸易方向不会改变。但是,为了实现基于比较优势的贸易,必须将汇率的变动范围控制在 1 美元兑换 100 日元到 400 日元。也就是说,物价翻倍的话,汇率也翻倍。这就是购买力平价的观点。

从上面的公式可以导出:

汇率 e 的变动率 = 日本的物价 P 的上涨率 − 美国的物价 P^* 的上涨率

实际上,汇率的变动是由两国的通货膨胀率之差决定的。此外,通过运用这个公式,可以求取基于购买力平价的理论上的汇率水平。而在实际测定中,采用何种物价指数会成为议论的焦点,但通常是使用"消费者物价指数"和"生产者物价指数"(国内企业物价指数)。前者中,国内的服务及生鲜食品等非贸易对象的产品(非贸易产品)的比重较高,而在后者中,工业产品等作为贸易对象的产品(贸易产品)占了大部分。

图 9-4 显示了购买力平价和汇率走势,是以 1973 年为基准年制定的。虽然理论上的汇率与现实中的汇率之间产生了偏差,但从趋势上来看,基本上是连动的。并且可以指出的是,实际汇率的动向接近于两国间贸易产品价格的变动,长期来看,贸易的动向会对汇率水平带来较大的影响。

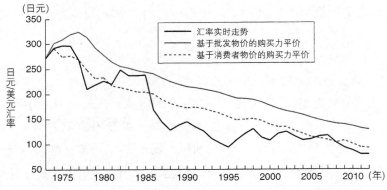

出处：从 IMF, *International Financial Statistics*（国际金融统计）中算出。

图 9-4　购买力平价与汇率

五、贸易与景气变动

（一）贸易与 GDP

让我们基于凯恩斯有效需求理论原理，来思考开放经济中 GDP 的决定与变动。假设在短期内，物价与工资不变，且不充分就业。

总需求 AD 是消费支出 C、投资支出 I、政府支出 G 与出口 X 的总计与进口 M 之差，可以用下式表示（规定物价为1，不区分名义值与实际值）：

$$AD = C + I + G + X - M$$

消费函数为：

$$C = C_0 + c(Y - T)$$

消费支出 C 由与收入无关的基础消费 C_0 与收入 Y 减去税金 T 后的可支配收入 $Y-T$ 两部分构成。与可支配收入相关的系数 c 是**边际消费倾向**，表示可支配收入每相应多增加1单位时，消费会增加多少，即 $c = \Delta C \div \Delta(Y-T)$。边际消费倾向是小于1的正值。

投资支出 I 通常与利率有关。利率下降（上升）时，投资支出相应增加（减少），两者间存在着这样的关系。但是在此为方便起见，我们假设它与利率无关，并且政府支出 G 与税收 T 是由政府政策来决定的。

出口 X 会随着日元贬值、美元升值（e 的上涨）以及国外收入的增加而增加，反之，随着日元升值、美元贬值（e 的下降）及国外收入的减少而减少。但是同样为了简单起见，假设 X 是一个设定好的值。

假设进口 M 由下面的**进口函数**来决定。

$$M = M_0 + mY$$

m 是**边际进口倾向**(Marginal Propensity to Import),表示本国收入 Y 每多增加 1 单位时,进口 M 会增加多少($\Delta M/\Delta Y$)。收入增加会诱发进口,所以 $m>0$。收入的增加 ΔY 会带来消费的增加 $c\Delta Y$,其中一部分是外国产品的消费增加 $m\Delta Y$。因此,边际消费倾向 c 大于边际进口倾向 m。M_0 是自发性进口,是与收入无关的进口。通常,随着日元贬值、美元升值(日元升值、美元贬值),会带来进口的减少(增加)。但是,在此我们忽略汇率的影响。

考虑到以上这些变数,可见总需求为:

$$AD = C_0 + c(Y-T) + I + G + X - M_0 - mY$$

如果用 Y 表示总供给(收入或 GDP),则产品市场的平衡条件为:

$$Y = C_0 + c(Y-T) + I + G + X - M_0 - mY$$

这一等式表示总供给 $Y=$ 总需求 AD。

从上面这一关系可以看出均衡 GDP 是怎样决定的。图 9-5 中,纵轴表示总需求,横轴表示收入或 GDP。45 度线表示总供给 $Y=$ 总需求 AD,即产品市场均衡。夹角等于 $c-m$,纵轴截距为 $C_0-cT+I+G+X-M_0$ 的直线即为总需求。总需求线 AD 的夹角 $c-m$ 为正,且小于 1,比 45 度线更平缓。

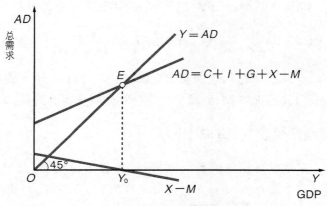

图 9-5 GDP 与经常性收支的决定

产品市场在总需求线与 45 度线的交点 E 处实现均衡,此时的收入 Y_0 即为均衡 GDP。当收入大于 Y_0 时,产品市场会发生过度供给。因为物价是一定的,价格调节机制无法发生作用,所以可以通过减少生产来解决过度供给的问题。相反,当收入小于 Y_0 时,产品市场会发生过度需求,要通过扩大生产来解决。

图 9-5 也表明了 GDP(Y) 与经常性收支 $X-M$ 之间的关系。$X-M$ 线的角度等于

边际进口倾向 m 的负值,截距为 $X-M_0$。GDP 的增加会诱发进口,从而使经常性收支恶化。因此,$X-M$ 线是向右下倾斜的直线。而均衡 GDP(Y_0)下,经常性收支为零。

均衡 GDP 随着总需求线的角度与截距的位置而变化。边际消费倾向 c 越上升,或者边际进口倾向越下降,总需求线的倾斜度会越大,均衡 GDP 也会变得越大。

均衡 GDP 还要看纵轴截距。自发性消费 C_0、自发性投资 I、政府支出 G 的增加,减税带来的 T 的减少,会使总需求线 AD 的截距向上提升,通过 AD 线向上方移动而使均衡 GDP 扩大。由于 $X-M$ 线不变化,所以会由于收入的增加而导致经常性收支恶化。

出口 X 的增加,自发性进口 M_0 的减少也会使 AD 线向上方平移,有助于均衡 GDP 的扩大。同时,会使 $X-M$ 线向上方平移与 AD 线同样的距离。因此,在新的 GDP 下经常性收支得到改善。

根据产品市场的均衡条件来推算如何决定均衡 GDP,可以得到以下公式:

$$Y = \frac{1}{1-c+m}(C_0 - cT + I + G + X - M_0)$$

边际消费倾向 c 越大,或者边际进口倾向 m 越小,收入就越多。其次,自发性消费 C_0、自发性投资 I、政府支出 G、出口 X 的增加,自发性进口 M_0 的减少会带来 $1/(1-c+m)$ 倍的收入增加。减税(T 的减少)会使收入增加 $1/(1-c+m)$。

外生变量的变化会使收入发生多大的变化,这一关系称为乘数(Multiplier)。与贸易(进出口)相关的乘数是 $1/(1-c+m)$,称为**对外贸易乘数**。

经常性收支是 $NX = X - M_0 - mY$,把 Y 代入 GDP 决定公式中:

$$NX = -\frac{m}{1-c+m}(C_0 - cT + I + G) + \frac{1-c}{1-c+m}(X - M)$$

由于自发性消费 C_0、自发性投资 I、政府支出 G、减税(T 的减少)而导致经常性收支恶化,而随着出口 X 增加,自发性进口 M_0 的减少会使经常性收支得到改善。

(二)汇率与经常性收支、GDP

如前所述,当汇率变成日元贬值美元升值时,会使出口增加、进口减少。这表示经常性收支得到改善(贸易顺差)。相反,如果日元升值,美元贬值,会使出口减少,进口增加,经常性收支恶化(贸易逆差)。但是,一旦汇率往日元贬值的方向变化,经常性收支会暂时恶化,当它向日元升值的方向变化时,经常性收支也只是暂时改善。这是因为由于贸易长期协议,贸易量对于汇率的变化不会立即做出反应。用日元表记的出口额 X 为:

$$X = PQ_x$$

当以日元表记的出口价格 P 一定时,日元贬值会使出口量 Q_x 增加。这时,出口额 PQ_x

也会增加。但是,出口量还没来得及反应的短期状况下,就算发生了日元贬值,出口量也是不变的,出口金额也不变。

另一方面,用日元表记的进口金额 M 为:

$$M = eP^* Q_m$$

假设用美元表记的进口价格 P^* 是一定的。日元贬值会使进口量 Q_m 减少,使汇率 e 上升,所以日元表记的进口金额 M 的增减无法确定。但是,随着进口量的反应度变高,进口量的减少范围会超过汇率的上涨范围,进口量减少。但是,进口量还没反应的短期内,只有汇率上涨,所以进口金额增加。

因此,就算产生日元贬值,但在贸易量不变的短期内,出口金额一定,进口金额增加,所以经常性收支恶化。之后,随着时间推移,贸易量会对汇率的变化有反应,经常性收支得到改善。相反,对于日元升值,经常性收支一时得到改善,但会根据贸易量的调节而恶化。

如图 9-6 所示,随着汇率变化的经常性收支的时间性变化接近 J 字形,所以这样的现象称为 J 曲线效应。

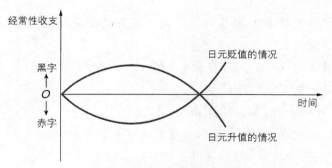

图 9-6　J 曲线效应

在图 9-3 中说明了汇率的决定与变动,通过汇率,本国经济与外国经济相关联,各国的经济都处于相互依存的关系之中。这种情况下,日本的经济变动会波及美国经济;相反,日本经济也会受到美国经济变动的影响。比如,由于日本的金融宽松政策,日本国内利率下降时,美国的证券会受到青睐,汇率会变成日元贬值、美元升值。这时,在日本国内经常性收支出现改善,GDP 上升,而在美国则会出现经常性收支恶化、经济变得不景气。反过来说,如果美国采取金融宽松政策利率下降的话,人们会加大对日本证券的投资,汇率则变为日元升值、美元贬值。美国经常性收支改善,GDP 上升。但是,日本却会经常性收支恶化、经济衰退。这些情况下,会出现在牺牲其他国家的基础上恢复本国经济的"以邻为壑"的现象。在某一国的经济行为会影响到其他国家经济的相互依存关系中,以主要发达国家为中心,作为避免"以邻为壑"的手段,正在构建调整经济政策的国际政策协调框架。

1. 根据表中 I 国与 II 国的生产情况，回答以下问题。

	I 国	II 国
生产 X 产品 1 单位所投入的劳动量（人）	100	90
生产 Y 产品 1 单位所投入的劳动量（人）	120	80

(1) I 国与 II 国分别在哪种产品上具有比较优势？请叙述其理由。
(2) 两国集中生产具有比较优势的产品时，世界整体的生产量会发生怎样的变化？

2. 以本国的出口产品市场为例，根据部分均衡图说明自由贸易的利益。
3. 请说明国际劳动力转移会带来什么效果。
4. 请根据图 9-3，说明外国货币的需求曲线和供给曲线分别向右平移时，汇率会产生怎样的变化。
5. 请根据以下假设的经济模型回答以下问题。假设边际消费倾向 c、边际进口倾向 m。数字单位为万亿日元。

产品市场的均衡条件 $Y=C+I+G+X-M$

消费函数 $C=C_0+c(Y-T)$ $C_0=30$，$c=0.6$

进口函数 $M=M_0+mY$ $M_0=20$，$m=0.1$

投资支出 $I=100$，政府支出 $G=100$，租税收入 $T=100$，出口 $X=80$

(1) 均衡时的 GDP 和经常性收支是多少？
(2) 对外贸易乘数是多少？
(3) 当政府支出增加 10 万亿日元时，GDP 和经常性收支是多少？
(4) 当减税 10 万亿日元时，GDP 和经常性收支是多少？
(5) 当出口增加 10 万亿日元时，GDP 和经常性收支是多少？

第十章
经济社会的展望与未来

所谓的商务,换言之就是生意活动。生意活动(商务活动)是由企业进行的营利活动。企业通过生产产品、提供服务以及进行各种交易来获取利润,这是其存在的理由。大部分日本大学生毕业后不管想进入什么专业领域,都会到企业去就职。也就是说,不管是就职于金融、传媒、IT行业也好,还是制造业也好,最后都将是商务活动的一个组成部分。极端地说,把个体经营和农林水产业也加上的话,现在,在日本,不,不如说地球上存在的所有人,都与某种商务活动相关联地生活着。

商务活动是市场中的交易行为,毫无疑问是经济学的中心课题。因此,想从商或者取得这方面的成功的人,掌握经济学的基础知识成为最基本的必备条件。本教材是为经济学初学者,作为商务的经济学入门书而出版的。从传统的以及最新的经济学理论中,作者精选出对商务活动有用的知识和理论,作了雄心勃勃的尝试。通过各章节,读者在充分领略实用又生动的经济学的世界后,在这一章,鉴于现实经济中发生的各种问题,让我们来考虑从商务活动的角度观察到的经济学的局限性以及有待解决的课题。

☑ 关键词

商务(生意)	创业者	胜者与败者	开放市场
不平等性(贫富差异)	商务与伦理	效率与公正	搭便车
囚徒困境	跨国企业	经济一体化	统一货币
优先权	全球变暖	ODA与国际机构	信息革命
商务经济学			

一、商务与竞争

（一）企业与商务活动

经济学假定,作为经济主体的企业为了获取利润的最大化,以市场中卖家的身份,使用劳动、资本等生产要素生产商品以及提供服务。然而在现实中,由单一的决策主体所构成的企业是很少的。单看企业商务活动的受益方,就包括经营者、所有者以及劳动者三方。在广义上,企业的利润由经营者和所有者分享。在利益分配上,两者的立场自然不相容。像风险企业那样的创业者既是所有者又是经营者的情况下,就不会发生利益分配的问题。但是,几乎所有的大企业都是所有者(股东)和经营者相分离的,因此这一问题潜在地必然会发生。进一步说,如果经营者将维持自己的经营权的目的放在第一位,也许就不会去追求所有者要求的利益最大化。这种情况下,所有者就会利益受损。

劳动者受雇于经营者从事生产活动,作为劳动的对价领取薪水或津贴,而这正是企业商务活动能够持续下去的前提条件。如果经营状况不乐观,薪水就可能减少,或被解雇。如果企业倒闭,全体职工就会失业。事实上,劳动者可以组成工会,不仅在薪水和人员裁减方面,而且在经营方针上也可以反映自己的意见。也就是说,即便对劳动者来说,企业商务活动的存续也是其最起码的要求。

一直到最近,日本的大企业实际上都属于经营者。严格来讲,这是以特定的银行为中心的集团以及旧财阀企业的集团内,通过各个企业间的相互持股,以求经营权的稳定。也就是说,经营者不用听取股东的意见,一直专注于经营自己的企业。也可以说,企业稳定发展的结果,也从劳动者方面获得了最低限度的支持。

从对需求与供给的分析来看,市场中竞争越是激烈,经济剩余就越多,市场效率也越高。在完全竞争市场中,消费者剩余获得最大化,对老百姓的生计来说无疑是天堂般美好。然而,对于企业来说,只要利润增加就有新企业参与竞争的威胁,长期来看就会处于利润渐渐丧失的地狱。在垄断市场,市场价格被抬高,交易量也受到限制,企业的利润就会最大化。在现实中,因为参与到市场中的企业数量并不多,这些企业之间为了避免竞争,明显存在形成相互串通(卡特尔)的重要因素。

在日本,迄今为止经营者把重心放在经营的稳定性和企业生存上,结果就具有了避免过度竞争的倾向。寡占市场也比较多,其中大部分似乎存在着某种程度的生产者之间的合作关系。尤其在道路建设、地铁工程、机场建设、军需产业等的公共事业领域,似乎都形成了企业之间的联合。因此,可以说,在日本,生产者的利益被放在优先地位。

但是,从商业角度来看则结果有些不同。经营者如果避免过度的竞争,就可以在商业方面获得一定程度的成功,经营权也可以维持下去。因为没有来自股东的利润最大化的压力,企业的经营确实会稳定存续下去。而且,消费者即使受到损害,但是因为大部分消费者是受雇于企业的劳动者,所以最终大家都默认了保障自家企业生存的这一体制。也就是说,像这样让尽可能多的企业生存下去的体制,不仅得到企业经营者的支持,也受到企业的劳动者,即消费者事实上的支持。

(二) 市场的开放与新市场

平成泡沫经济前后,日本也向国内外开放了很多的市场。代表性的例子有旧日本国有铁路分离成 JR 各公司,以及旧日本电信电话公社分离成 NTT 各公司,这些原本由国家和地方政府垄断的行业被民营化,逐渐允许新的企业进入。由此,从制造业到流通以及金融,日本国内几乎所有市场的竞争都变得越来越激烈。尤其在外国企业进入的市场,其竞争变得愈发激烈,其结果是,就连在寡占市场中为避免企业间竞争的合作关系也变得很难形成。

最近,日本的个人及机构投资者行使作为企业所有者(股东)的权利的倾向变强。特别是,投资信托基金筹集大量资金,持有大量的特定(像拥有大量账外资产这样的)企业的股份,为了优先保障股东的利益,不断向经营者施压的现象频繁出现。处于激烈竞争中的大企业的经营者们疲于经营,不得不缩小或者解除集团内的相互持股。其结果,经营者变得非常遵从股东利益最大化的要求,导致竞争越发激烈。

最终,如果日本政府的开放化政策(包括参加 TPP)取得成功,能够民营化的事业都被民营化,并且日本所有的市场都开放给国内外市场的话,那么,究竟会变得怎样呢?也就是说,即便在那些原本容易形成合作的公共事业领域中,其信息公开也将被彻底推行,任何行业都可以自由地进入。从需求与供给的分析来看,无论哪个市场中的经济剩余都明显增加,接近于完全竞争的市场。这样一来,市场竞争的结果使价格下跌到接近于极限,消费者的利益得到最大程度的尊重,日本经济的效率将会大幅提高。

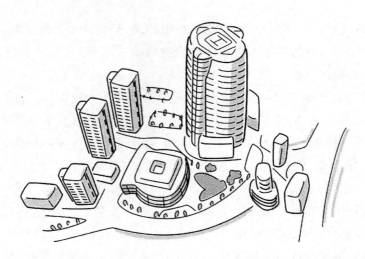

　　这一过程看起来好像尽是好事,真的会是这样吗？市场的效率会提高,但是竞争必定会产生胜者和败者。在竞争中胜出的企业可以继续留在市场继续其商务活动,而失败的企业只好缩小生产规模,最坏的情况下将被迫退出市场。事实上,在电子零部件、电子器械、电化产品、汽车等的市场中,竞争白热化,其结果自然也十分残酷。作为经营者的成功是收益提高,利润增大,也就是成为市场竞争中的胜者。产生成功经营者的市场,不可避免地也会存在失败的经营者。后者的经营者也许会被替换掉,最糟的情况下,其失败同时也意味着企业商务活动的终结。

　　在现有的市场中,在竞争很激烈,或者新企业的进入受到限制的情况下,也会出现开拓新市场的创业者(风险投资企业)。IT革命的结果,出现了从电脑到宽带、手机等与网络相关的各种各样的市场,还不断产生获得巨大成功的创业者。其中甚至出现了为了打入其他市场而进行大规模企业收购或合并的成功创业者。然而,在这些辉煌成功的背后当然也有数不清的失败。

　　失败的经营者中也许会有从头再来而且不久后获得成功的,但是很遗憾,这样的可能性非常低。恐怕失败的经营者们的生活会很悲惨的。破产的情况下,融资无法偿还,也许除了身边的东西外,会变得一无所有。更悲惨的是在这些失败企业工作的人们。如果企业业绩上不去,很多人会被迫下岗,或者薪水将大幅减少。如果企业倒闭,所有员工将面临失业,可能连维持日常生活都变得非常困难。

　　一国的经济包括了上述所有市场,所以各个市场的竞争变得激烈的话,效率就会提高,结果日本经济的整体效率也会提高。但是,在出现胜者的同时,还会产生更多的败者。表面上看,这也许是消费者的天堂,但背后却掩藏着众多失败的经营者和企业员工的苦恼。因此,虽然经济整体的效益(GDP等)会提高,但同时贫富差异(不平等性)也会扩大。

(三) 商务活动与伦理

　　在激烈的竞争下,经营者竭尽全力创造更多的利润以成为胜者。也许他们想限制竞争进行私下串通,但是在股东的压力及第三方的监督下,唯有在竞争中取胜这一条路可走。这样一来,经营者中出现了一部分不惜违反达成的最低限度的社会规则(法律等)来追求利益的人。比如,伪造食品的产地、隐瞒产品的缺陷等自不待言,甚至连那些得到国家认证资质的专家(建筑师、会计师、医生等)也走上这条路。在竞争中胜出固然重要,但是真的可以因此而不择手段吗?

即使在股东的权益得到保障的美国,退休基金等大规模的机构股东和大企业经营者之间的利益分配,实际上也是明显偏向经营者这边的。也就是说,因为竞争过于激烈,所以在竞争中获胜的经营者往往受到过高的评价。劳动者的薪水总是被压得很低,经营者拿掉了大部分的利润,剩下的由股东获取。理所当然,收入分配上的不平等和贫富差距比日本大很多,但归根结底这是美国民众自己选择的体制。极少数的胜者过上了非常富裕的生活,而大多数的败者却只能生活在最低保障线。参与竞争的机会的确是平等的,但是其结果却是不平等的。

那么,日本民众认为什么样的体制是好的呢?是以前作为生产者主导的卡特尔式吗?在那种市场体系里所有参与其中的企业不会有失败,保证有小小的成功。虽然经济整体的效率得不到最大限度的发挥,但是老百姓可以过上平等的生活。或者是日本现在推进中的美国式的消费者主导型的市场体系?在这里,只有少数参与企业取得巨大的成功,而剩下的企业却免不了失败的命运。虽然经济整体的效率得到最大限度的发挥,但是老百姓过的是却不平等的生活。再要么是在两者之间建立另外一种什么体制呢?

(四) 商务活动的局限性与政府

市场中商务活动的结果,不可避免地会产生胜者与败者。并且,这会导致收入及财富不平等的扩大。败者的日子会很凄惨,我们是否就能这样不施援手吗?但是,就算想要出手相帮,作为个人的能力毕竟是有限的。甚至人们还存有这样的"搭便车"心理,即其他人会想办法的,不需要我做什么事情。这样,最后能实现的援助变得微乎其微。像这样单靠包括商务活动在内的民间活动的话,这一问题不能从根本上得到解决。

因此,这就有具有强制力的公共机构——政府的存在理由。现在,日本也征收个人所获收入的所得税,以及企业所获利润的法人税。这是一种收入越高税率也会增高的累进课税。相反,收入低于某一最低水准的人们则领取生活补助。现今的日本市场竞争激烈,收入差距似乎变得越来越大。于是,胜者应承担多大的负担,败者应领取多少的补贴才好?如何做到效率与公正的平衡?虽然这首先是政治的责任,但也要尽量听取老百姓每一个人的意见和建议,将政策付诸执行,在这个意义上,可以说也是全体日本国民的问题。

二、世界与商务活动

(一)企业与国际商务活动

国际性经济活动中,商品(物)的进出口交易属于贸易,而资本(钱)则属于国际金融交易。但是,在企业的商务活动中我们只是为方便起见将跨国交易进行这样的分类,现实却是非常复杂多样的,是众多企业各式各样交易的结果。也就是说,如果某企业的客户是外国的个人或企业的话,就属于出口,相反就是进口。还有一种情况就是,同一个企业作为其商务活动的一环,可能同时进行贸易和国际金融交易。例如,日本的汽车制造商从中国购买(进口)汽车零部件,再把生产出来的汽车卖给(出口)美国,或者向美国的汽车公司进行投资(股份投资),以及在美国建立工厂(直接投资)等。

还有像一些综合商社那样的,通过进行各种交易的中介以获取利润的企业。他们进行铁矿石、煤炭、石油、海产品、纺织品、谷物、加工食品、电器产品、钢铁制品等诸多范围广阔的买卖,并向油田、煤炭开采项目投资等,开展丰富多样的国际性商务活动。不管是制造业还是流通业,一些企业在世界各地建立分公司或工厂,设立关联公司或子公司,在世界范围内开展商务活动,这被称为跨国企业。跨国企业根据所属国籍,有时候贸易和金融交易的方向性会发生逆转(类似出口交易变成进口交易这样的情况)。

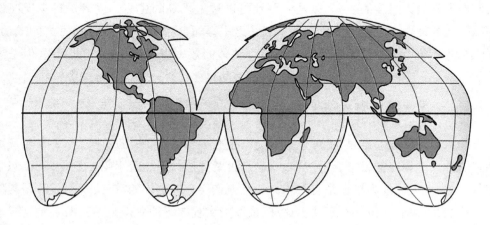

(二)国家与地区

市场越过国境不断扩大,在全世界上演着竞争。其中既有成功的企业及商务活动,也有失败的。拥有众多成功企业的国家,其整体经济活动活跃,经济增长迅速,国民的生活普遍较富裕。相反,经济活动萎靡的国家,国民的生活也较贫困。也就是说,如果从国家的角度看经济,国与国之间也存在着竞争,有胜出的国家,也有失败的国家。并且,在败者中,由于经济表现(GDP等)明显下降却无法摆脱,处于极端贫困状况的国家也不少。

从比较优势的原则来讲,自由贸易使贸易参与国整体的福利(利益)最大化。然而,这些最大化了的福利的分配未必都是平等的。实际上,把作为发展中国家出口产品代表的农作物等初级产品的国际价格,和典型的发达国家出口产品的高级机械产品(电子器械、精密仪器、汽车、飞机等)的价格相比较,明显处于下降的趋势。因此,国际贸易并不一定会使所有参与国都成为胜者,对发展中国家来说未必都是有利的。

经历过两次世界大战之后,世界看上去处于和平状态,但是内战和区域纷争却从未间断。现在,以宗教或民族矛盾为名,针对发达国家及第三国等的恐怖活动也在发生。但是,其原因与其说是因为特定的宗教或民族,本质上也许是为了争夺有限的资源。尤其在昂贵的稀有矿物资源丰富的地区,民族对立似乎也愈加激烈。其背后也许隐藏着全世界的企业及国家,进行的是其代理竞争而已。

第二次世界大战结束以后,日本的经济增长之快可以用奇迹两个字形容。人均GDP进入世界前十位已有二十多年。过去十年虽说经历了通货紧缩,但日本经济在世界上明显是成功的。不过,由于适合耕地的面积少,并且自然资源也匮乏,最终日本是通过贸易而富裕起来的。如果不从国外进口原材料及粮食,然后把生产出来的高精尖机械产品出口的话,国家连生存都会变得不容易。也就是说,和那些天然资源丰富的大国不同,日本经济是通过国际性商务活动才得以胜出的。因此,日本不该过度偏向于政治与军事性的同盟关系,和所有贸易对象国维持友好关系,并且在世界和平的环境下,促使国际性经济活动能够顺利地进行。

贸易过程中除了产生运输、保险等额外费用外,还会发生国境时产生的时间性、事务性费用。通常都要通过海关,这时要对货主或货物进行检查,还要支付关税。特别是在陆地相连的邻国之间,这些明显是很不方便的。

于是,为了促进贸易,使经济活动变得活跃,在近邻国家之间开始出现市场统一的趋势。这就是经济一体化,其中最有代表性的是在由西欧各国组成的欧盟(EU)。以德国和法国为中心组成的欧共体(EC),从废除关税开始做起。现在,欧盟各国之间的人员和物品的流动原则上变得自由,形成了一个统一的大市场。虽说各国之间有所不同,但几乎所有的加盟国的经济都变得活跃,可以说都取得了成功。作为贸易立国的日本,也许也应该考虑和亚洲邻邦在未来结成经济一体化的可行性。

(三) 金融市场

进行贸易的时候,构成障碍的不仅有关税,还有各国所使用的不同的货币。比如说,日本企业向美国出口时,货款是用美元支付的,在日本则必须兑换成日元。日元和美元本身在(外汇)市场就是进行交易的,其兑换比率(价格)就是汇价。也就是说,在某一时期无论出口了多少,如果收到货款时的汇价低的话,就会受损,高的话就会受益,汇率风险是必定会发生的。

如果在相邻国家之间使用的货币不同,就会很不方便。于是在欧盟各国之间,大部分国家采用了统一的货币(欧元)。在欧元圈内永远不会产生汇率风险,这可以说是最终形式的经济一体化。但是,现实是全世界统一的货币没有实现,在国际交易中使用的货币美元居主导性地位,其次是欧元,日元和英国英镑占很少的份额。

在发展中国家中,为了促使贸易顺利进行,很多国家并不通过市场来确定本国货币与美元之比,而是设定一个(固定)汇价。但是,如果实际价格(市场汇率)与固定汇率之间的差距过大的话,汇率的维持就变得困难了。也就是说,如果本国货币的实际价格比固定汇率低很多的话,大家就会卖出本国货币而买入美元。这样一来,本国的美元会大量流出,最终也许会流失殆尽。其结果是,该国将无法支付进口商品的货款及偿还国外借款(外债),国家或政府就会破产。这就是在南美、亚洲曾经发生过的货币危机。因为出口不景气、美元储备过低,或者因为进口量过多、外债余额过高的发展中国家,始终处于这种货币危机的边缘。

我们已经了解了贸易中存在汇率风险的问题。但是,利用它以获取收益也是可能的。也就是说,将来日元会升值的情况下,现在买下日元以后卖掉就可以赚上一笔。当然,对将来汇率的准确预测是不可能的,但利用掌握到的所有信息,如果进行精度颇高的预测的话,也许能获得某种程度的成功。这种货币买卖的商务活动,可以说是国际金融交易中的典型例子。

既有依据现行汇价进行货币买卖的合同,也有在某一确定的将来日期进行货币买卖的合同,后者称为货币期货交易。甚至除了货币本身的买卖外,还有对将来卖出货币或买进货币这一权利的买卖,这就是货币期权交易。比如,像选择在30天之后以某一汇价买进(或卖出)100万日元的权利。由于这不是货币本身的买卖,而是权利的交易,所以可进行巨额交易。因此,如果顺利的话,能够获得巨大的利润,而一旦失败则可能会失去所有。

在日本有股票、公司债、国债等各种各样的金融商品在进行着交易。最近,外国政府及企业的金融商品的交易也变得十分容易,金融市场在全世界正不断地融为一体。现在日本的投资者足不出户就可以进行美金存储、购买美国国债,还可以购买外国企业的股份及公司债。当然,也可以进行各种金融商品的期货或期权的交易,金融市场变得更为复杂、更加庞大。不仅是金融资产,石油、煤炭、大豆、小麦等商品的交易也可以通过期权交易的方式进行。由于从实际的商品中又派生出来新的金融商品,使得金融市场变得更为复杂和庞大。

三、商务活动与经济的未来

(一) 经济与环境

自然灾害是很难避免的。地震就是一个很好的例子,在日本,虽然时间上不能确定,但大地震必定会发生。在地震频发的国家,人们只能通过建造有耐震、减震功能的房屋,加入保险,考虑政府应采取的对策等,尽量预先做好准备。但是,最近在世界各地突然发生的洪灾和干旱该怎么办呢?据说这些是由于温室气体(二氧化碳)的排放导致的全球变暖的结果。由于海平面的上升,沿海地带的土地被海水侵蚀,许多海拔低的群岛国有被淹没的危险。

发达国家延续以前的方式进行着经济活动,发展中国家也为了赶上发达国家而加快经济增长的速度。结果造成化石燃料的消费显著增加,地球上积满了温室气体,这也许正在引发异常天气等各种各样的问题。也就是说,在广义上这里也有由于人们的经济活动而带来的人祸的因素。

从经济学的角度来说,这些和公害问题一样都是负外部性的问题。每个国家都知道温室气体带来的后果,可是如果要在自己国家处理这一问题自然需要费用。也就是说,要想抑制温室气体的产生,要么减少经济活动,要么负担引进替代技术的费用。如果其他国家应对的话,全球的温室气体排放将得到控制,自己也会受益,所以都不愿意自己主动采取措施去应对。像这样就容易产生搭便车(博弈论中的囚徒困境)的心理。

为解决这一问题,对于温室气体的排放量,尽管在发达国家和发展中国家之间设定了不同的标准,但是作为地球整体全世界开始齐心协力以抑制排放量。最近《京都议定书》受到人们的关注。但是,美国这个发达国家中最大的经济大国推翻了前议,占世界人口六分之一的中国也对此面露难色,议定书的尝试遇到了意外的障碍。这是典型的囚徒困境现象。尽管所有国家都认识到这是攸关全世界的重大问题,但是却无法齐心协力采取解决的方法,最终是令人遗憾的非合作的结果。

我们看来还是应该摸索一条尽可能依靠市场,通过商务活动来解决的方法吧。从超长期来看,即便不采取任何措施,预计温室气体的排放量也会逐渐减少。化石燃料的埋藏量毕竟有限,开采量会逐渐减少。也就是说,随着化石燃料的供给量减少,其价格会逐步上升。这样一来,需求就会转移到燃料电池、太阳能电池、风力发电等替代能源上面来。

技术也会得到促进,替代能源的供给会增加,价格会稳定在较低的水平。最终,支撑经济活动将不再是化石燃料,而是替代能源。

但是,向替代能源的转移需要太长的时间的话,当前的问题就无法得到解决。在短期内,碳排放权市场可以说是最有效的解决方法。这是各国或各企业之间进行碳排放权的交易。已经引进替代技术的企业可以出售多余的排放权,而仍然依赖传统技术的企业则可以购买排放权。这样一来,购买方企业等于增加了生产成本,结果是减少了生产量,抑制了温室气体的产生。另外,还有一些吸收二氧化碳的措施,如大规模的植树造林等,也可以获得排放权。即便在技术水平较低的发展中国家,如果有广阔的国土,也许可以通过植树造林抵消排放权的费用。植树造林等保护自然的活动变得活跃,包括稀有动物在内的生态系统得以维持,这样,经济和自然环境达至平衡的可持续发展也许就能实现。

(二) 地球与国际合作

国际竞争的结果产生了胜者和败者。和国内的收入不平等问题一样,对于失败了的国家的支援,最终也无法通过商务活动来解决。因此,各个发达国家政府对发展中国家政府也有直接提供公共援助(ODA)的。这称为两国间援助,但是援助国有为了自身的利益向受助国提出条件、施加压力的倾向。而且,各发展中国家接受的全部援助金成为援助国间的公共品,容易产生搭便车现象,使得援助金额变少。

为此,对于援助国和受援国双方需要某种程度的具有强制力的机构,由此设立了联合国(UN)及世界银行等国际机构。发达国家向国际机构提供的 ODA 称为多国间援助,按理应该纯粹为发展中国家服务的,但是其效果却不太明显。我们已经进入了新的世纪,然而失败国家的人民的生活依然艰难,处于极端贫困的国家及人民还是很多。高企的婴幼儿死亡率、较低的平均寿命、恶劣的卫生条件、低下的就学率和识字率等,全世界的贫困问题没有得到根本的解决。为了消灭贫困,联合国制订了新世纪的开发目标(MDGs,Millennium Development Goals),以此作为人类的共同目标。

在世界的很多地区,除了贫困问题外,还存在着侵犯人权、童工、女性问题等诸多问题。针对村落及乡镇等狭小地区的特殊问题,NGO 等民间组织的援助活动逐渐多了起来。虽然和来自政府机构的援助相比数额尚小,但因为都是与实际问题相联系,因此也有不少成功的民间活动团体。如果他们毫无保留地公开其活动信息,尽可能地进行有效的运营,也许能得到某种程度的赞同与支援。但是,如果全都依赖志愿者的话,那么援助活动本身就不可能长久地维持下去。民间组织并不能消除搭便车的要因,也不能替代公共性援助,所以实现政府和 NGO 之间的合作是最理想的。

从民主主义、自由贸易的普及和维持到艾滋病、非典、禽流感等的传染病对策,除了环境和贫困问题以外,全球范围内的重要问题堆积如山。我们固然要认识到商务活动的局限性,但是不经过市场的解决方法也很难获得推广,这也是事实。基本上应该是这样的,即政府和NGO即便在初始阶段展开援助活动,但是目标应该是由新的创业者作为新的商务活动,把这一援助活动接收下来继续下去。

(三)信息化社会与未来

半个世纪前像科幻一样的个人电脑、手机等,现在已成为人们生活的必需品。这是信息(IT)革命带来的成果。如果信息革命照此发展下去,我们可以对所有的信息进行记录、保存和利用。通过互联网不断成为现实的是,所有人都可以面向世界各地的人们传递信息。相反,我们的住址、家庭成员、电话号码、籍贯、工作单位、年收入等个人的所有的重要信息被政府所掌握,这些信息以随时能够被利用的形式保管起来。我们每天的购物以及乘坐交通工具的数据也以电子的形式被记录下来。从上网、手机的使用到监控摄像头拍下的每日行踪,也许在不久的将来,我们个人过去的行动会被全部记录下来。

这样一来,就实现了完全的信息化,实现完全竞争市场的条件也就具备了。信息一旦被彻底公开,市场的效率实现最大化,也许日本经济的潜力就能被最大限度地挖掘出来。商店早已备好顾客满意的商品,被推荐的礼物一定是让对方满意的,失败的购物几乎消失。如果商家做出串通或伪装等不正当行为的话,相关信息会立即被公开,从而可以保障正常的经济秩序。政治家的不法行为也没有了,犯罪者必被归案,政府的行政与财政改革也获得成功,也许这正是所谓理想国的实现。

然而,如果这些信息被恶意利用的话,就会产生可怕的结果。即便现在,个人消费者的金融或网上交易的记录就被利用来进行各种各样的犯罪活动。并且,毕业生、职工的名册或者居民登记册等被随意利用。将来,如果个人的医疗信息被保险公司或雇主掌握的话,很多人的利益将受到损害。可见保护个人信息也十分重要。也就是说,信息化社会发展到一定程度时,在信息公开方面是实现完全竞争市场的理想国;但在信息保护的层面,则可以说是走向黑暗世界的入口。如何做到善恶这两个方面的平衡是件很困难的事情。

商务经济学是有关商业和交易的经济学。"经济"二字原本是"经世济民"的略语,表示"治理人世,帮助大众"的意思。也就是说,商务经济学一以贯之的主题是,通过市场的商业活动如何来治理社会,怎样使人们的生活变得富裕。虽然我们不知道信息化社会的未来走向,但是立志于商务的人们的使命应该是很清楚的。

1. 请根据政府和国际机构的统计资料,调查世界各国的收入和财富的不平等情况,并和日本相比较进行讨论。

2. 请根据政府和国际机构的统计资料，调查世界各国的人均 GDP，并对富裕国家和贫穷国家，或者经济增长显著的地区和停滞的地区进行分类，在此基础上进行讨论。
3. 通过本教材，如果今后想进一步学习，或者有非常感兴趣的课题的话可以作答，并且请查找有助于探求这一课题的经济学专门领域是什么。

学　习　指　南

在本书的执笔过程中,著者在参考众多文献的同时,对自己的著述部分进行了修改、订正后使用。

以下是读者在阅读此书时,或者为了进一步加深对商务经济学的理解可供参考的书目。

1　经济学概论

[1] 伊藤元重:《入门经济学》(第 3 版),日本评论社,2009 年。

[2] 黑田昌裕、中岛隆信:《教科书入门经济学》,东洋经济新报社,2001 年。

[3] 施蒂格利茨著,薮下、秋山等译:《微观经济学》(第 4 版)、《宏观经济学》(第 4 版)、《入门经济学》(第 4 版),东洋经济新报社,2012 年、2013 年、2014 年。

[4] 曼昆著,足立、石川等译:《曼昆经济学·Ⅰ微观篇》(第 3 版)、《曼昆经济学·Ⅱ宏观篇》(第 3 版),东洋经济新报社,2013 年、2014 年。

2　微观经济学

[5] 嶋村纮辉、佐佐木宏夫、横山将义、片冈孝夫、高瀬浩一:《入门微观经济学》,中央经济社,2002 年。

[6] 嶋村纮辉、横山将义:《图解杂学·微观经济学》,夏目社,2003 年。

[7] 嶋村纮辉:《新版微观经济学》,成文堂,2005 年。

[8] 佐佐木宏夫:《基础课程·微观经济学》,新世社,2008 年。

[9] 伊藤元重:《微观经济学》(第 2 版),日本评论社,2003 年。

[10] 井堀利宏:《入门微观经济学》(第 2 版),新世社,2004 年。

[11] Hal R. Varian 著,佐藤编译:《入门微观经济学》,劲草书房,2007 年。

3　博弈论、信息经济学

[12] 佐佐木宏夫:《入门·博弈论:战略性思维的科学》,日本评论社,2003 年。

[13] 梶井厚志、松井彰彦:《微观经济学·战略性研究》,日本评论社,2000 年。

[14] 武藤滋夫:《博弈论入门》,日本经济新闻社(日经文库),2001 年。

[15] 佐佐木宏夫:《信息经济学》,日本评论社,1991年。

4 宏观经济学

[16] 嶋村纮辉、佐佐木宏夫、横山将义、书间文彦、横田信武、片冈孝夫:《入门宏观经济学》,中央经济社,1999年。

[17] 嶋村纮辉:《宏观经济学》,成文堂,2015年。

[18] 伊藤元重:《宏观经济学》(第2版),日本评论社,2012年。

[19] 中谷巖:《入门宏观经济学》(第5版),日本评论社,2007年。

[20] 井堀利宏:《图解杂学·宏观经济学》,夏目社,2002年。

[21] 北坂真一:《宏观经济学基础》,有斐阁书库,2003年。

[22] 福田慎一、照山博司:《宏观经济学入门》(第3版),有斐阁,2011年。

[23] 宫尾龙藏:《核心·教科书宏观经济学》,新世社,2005年。

[24] 曼昆著,足立等译:《曼昆宏观经济学Ⅰ、Ⅱ》(第3版),东洋经济新报社,2011年、2012年。

5 财政、金融、经济政策、开发经济

[25] 横田信武、森冈一宪:《财政学讲义》,中央经济社,2000年。

[26] 《图说·日本的财政》(各年度版),东洋经济新报社。

[27] 书间文彦:《基础课程·金融论》(第4版),新世社,2013年。

[28] 福田慎一:《金融论——市场和经济政策的有效性》,有斐阁,2013年。

[29] 书间文彦:《基础课程·金融论》(第3版),新世社,2011年。

[30] 横山将义:《经济政策》,成文堂,2012年。

[31] 中北彻:《入门国际经济学》,钻石社,2005年。

[32] 高木保兴:《开发经济学的新展开》,有斐阁,2002年。

[33] 朽木昭文、野上裕生、山形辰史:《教科书开发经济学》,有斐阁书库,2003年。

6 商务经济学

[34] 小田切宏之:《企业经济学》,东洋经济新报社,2010年。

[35] 伊藤元重:《商务经济学》,日本经济新闻社,2004年。

[36] 浅羽茂:《经营战略的经济学》,日本评论社,2004年。

[37] 宫本光晴:《企业系统的经济学》,新世社,2004年。

[38] 丸山雅洋:《经营的经济学》,有斐阁,2011年。

[39] 工藤和久:《法律系学生用经济学入门》,东洋经济新报社,2006年。

[40] 保尔罗默、罗伯特卢卡斯著,奥野、伊藤、今井、西村、八木译:《组织的经济学》,NTT出版,1997年。

[41] 贝赞可、德雷诺夫、尚利著,奥村、大林监译:《战略的经济学》,钻石社,2002年。

7 经济数学
[42] 佐佐木宏夫:《经济数学入门》,日本经济新闻社(日经文库),2005年。
[43] 泽田贤、安原晃、渡边展也:《大学微积分》,科学社,2005年。

8 经济用语词典
[44] 金森、荒、森口:《经济词典》(第5版),有斐阁,2013年。

练习题参考答案及提示

各章结束后都设有练习题,希望读者们能够独立解答。为了方便读者的学习,下面是参考答案及提示。

【第一章】
1. (1) 请参考《公司四季报》(东洋经济新报社)。
   (2) 请在思考不良债权、全球化、IT革命等时代动向的基础上作出回答。
2. 请根据第一章第二节(二)的内容,进行简要概括。
3. 请根据敌意收购、官制谈合、啃老族(Neet)、日本银行的金融政策等新闻报道,作出回答。

【第二章】
1. 必需品的情况下:需求曲线是向右下倾斜的陡坡斜线。一般来说,需求的价格弹性小于1且需求的收入弹性也小于1。

   非必需品时:需求曲线是向右下倾斜的缓坡斜线。一般来说,需求的价格弹性大于1,且需求的收入弹性也大于1。
2. 供给固定的情况下:供给曲线在固定的供给量时呈垂直形状,且供给的价格弹性为0。

   供给可变的情况下:一般来说,供给曲线向右上方倾斜。其中,供给量变化率大于价格变化率的大型商品时,供给曲线的坡度较为平缓,供给的价格弹性大于1。相反,供给变化率小于价格变化率的小型商品时,供给曲线坡度较急,供给的价格弹性小于1。
3. 不适用需求法则的例子:吉芬商品(Giffen Goods)(价格下降时,反而需求量减少的商品)、通货膨胀下的抢购风潮、投机性购买行为、高价引发需求的商品(高级名牌商品及礼品等)。

   不适用供给法则的例子:一定工资以上的劳动力供给、市中心的土地、拥有特殊才能的人才。
4. (1) 在完全竞争市场均衡的情况下,由于需求量与供给量一致,$100-10P=-40+10P$。这样一来,均衡价格 $P=7$ 万日元。并且,将 P 值代入需求曲线或供给曲线中,求得均衡交易量 $Q=30$ 万台。

(2) 需求曲线右移 100，$Q=200-10P$。计算出它与供给曲线 $Q=-40+10P$ 的交点，$P=12$ 万日元，$Q=80$ 万台。

(3) 供给曲线右移 60，$Q=20+10P$。计算出它与需求曲线 $Q=100-10P$ 的交点，$P=4$ 万日元，$Q=60$ 万台。与(1)相比，价格降低了 3 万日元，交易量增加了 30 万台。

5. 如果市场交易价格的下限设定得高于市场均衡价格，则供给量增加，需求量减少，供大于求。这会造成资源的浪费。而价格提高，交易量减少，所以买方的经济剩余必然减少。卖方的经济剩余有可能增加，但市场整体的经济剩余会减少。

6. (1) 完全竞争市场的均衡，是当需求与供给一致时实现的，所以 $360-2P=-40+2P$。可以算出均衡价格 $P=100$ 日元。因此，均衡交易量 $Q=160$ 万箱。这时，消费者剩余 $=(180-100)\times160\div2=6400$ 万日元。生产者剩余 $=(100-20)\times160\div2=6400$ 万日元。总剩余 $=6400+6400=12800$ 万日元。

(2) 供给曲线上移消费税的部分，则 $Q=-40+2(P-20)$。计算它与需求曲线 $Q=360-2P$ 的交点，求得 $P=110$ 日元，$Q=140$ 万箱。这时，消费者剩余 $=(180-110)\times140\div2=4900$ 万日元。生产者剩余 $=(90-20)\times140\div2=4900$ 万日元。政府的税收 $=20\times140=2800$ 万日元。总剩余 $=4900+4900+2800=1$ 亿 2600 万日元。

【第三章】

1. 在图 A-1 中，如果每 1 单位生产物会产生 V 日元的外部经济的话，那么，社会成本比私人成本少外部经济那部分。符合社会整体的理想的产量，位于市场需求曲线 DD 与社会成本曲线 S_2S_2 的交点 E_2，即为 Q_2 水平。这时，买方的边际价值与社会边际成本一致，市场整体的经济剩余为三角形 AB_2E_2 的大小，实现最大化。

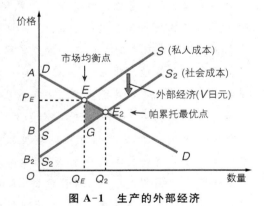

图 A-1 生产的外部经济

但是，在市场经济中，企业并不把对外部产生的正面影响效果计算在内，而是基于私人成本采取行动。完全竞争下的市场均衡在需求曲线 DD 与私人成本曲线 SS 的交点 E 处成立，产量为 Q_E。这时，价格 P_E 会比社会成本高出每 1 单位 EG 的外部经济，从社会整体来看，生产过少。消费者剩余为三角形 AEP_E，生产者剩余为三角形 BEP_E，外部经济为四边形 BB_2GE 的大小，所以将三者求和，可以得到总剩余为梯形 AB_2GE 的面积。因此，在市场均衡点 E 时，与帕累托最优点 E_2 相比，经济剩余会减少阴影部分（三角形 EE_2G），在资源配置上出现市场失灵。

2. 比如有一个人很喜欢喝酒，本人很乐在其中，但给周围的第三方造成了困扰，有可能产生外部不经济。这时,社会价值就会比私人价值少外部不经济的部分。但是,在市场经济下,酒类的消费是基于私人价值而决定的,其消费量高于社会所希望的水平,是过剩消费。

3. (1) 在完全竞争市场的均衡下,由于需求与供给实现一致,所以 $10-P=-2+P$。求解可得均衡价格 $P=6$ 万日元。因此,均衡交易量 $Q=4$ 万吨。此时消费者剩余 $=(10-6)\times 4\div 2=8$ 亿日元。生产者剩余 $=(6-2)\times 4\div 2=8$ 亿日元。总剩余 $=8+8=16$ 亿日元。

(2) 外部成本 $=2\times 4=8$ 亿日元。总剩余 $=16-8=8$ 亿日元。

(3) 供给曲线上移庇古税的部分,$Q=-2+(P-2)$。求得它与需求曲线 $Q=10-P$ 的交点,$P=7$ 万日元,$Q=3$ 万吨。这时,消费者剩余 $=(10-7)\times 3\div 2=4.5$ 亿日元。生产者剩余 $=(7-4)\times 3\div 2=4.5$ 亿日元。政府税收 $=2\times 3=6$ 亿日元。外部成本 $=2\times 3=6$ 亿日元。总剩余 $=4.5+4.5+6-6=9$ 亿日元。

4. 所谓公共产品,就是在消费上没有竞争性和排他性的产品。一般的私人产品都具有消费的竞争性和排他性这两种性质。此外,没有消费上的排他性,但有竞争性的产品称为公有资源。

5. 由于公共产品会产生"搭便车"的问题,正如第三章第四节中所说明的那样,无法有效地运用价格机制,市场无法实现公共产品的最优供给。政府也是一样的。如果政府能以每个人的公共产品的边际价值为基础,对个人征税的话,就能实现公共产品的最优供给。但是,如果根据自己的价值来决定对公共产品承担多少税负的话,谁都会为了减少自己的税负而选择少申报自己需要的公共产品。其结果,根据税收而决定的公共产品的供给会低于最佳水平,政府也无法实现公共产品的最优供给。

6. 劳动者(求职者)清楚自己是哪一种类型的人,是否具有能力。企业(招聘方)并不是完全了解各个应聘者的能力以及是否合适。因此,如果对所有员工都支付相同的工资,那么,生产率高的优秀人才就会对这家企业的招聘敬而远之,结果企业只能招到些生产率低的员工。

为了防止这种逆向选择的问题,企业将应聘者所拥有的学历、资格、工作经历等作为表现这个人的能力与是否适合的信号,并让应聘者本人表明自己的期望薪资、岗位以及未来可望达成的目标等。这样一来,企业就有可能得到关于应聘者是哪一种类型的信息,根据类型不同给予不同的工资,以此消除逆向选择的问题。

7. 在派遣公司是委托人,派遣员工是代理人这样的代理关系中,由于派遣公司不能时刻观察到派遣员工的行动,所以派遣员工有可能会采取一些不符合派遣公司利益的行为。

为了防范这样的道德风险问题,派遣公司会请接收派遣的公司严密监督派遣员工的行为,或采用绩效工资制度及租赁契约等能给予派遣员工积极主动工作诱因的报酬体系。

【第四章】

1. 请思考汽车车型多样化的案例,以及网络供应商通过内容多样化的方式谋求差别化,但最终却变成了价格第一等案例。

2. (1) 关于嫌疑人 A 所采取的策略,如果嫌疑人 B 不坦白,对嫌疑人 A 来说,自己不坦白的话收益为 10,坦白收益则为 20。因此,如果嫌疑人 B 不坦白的话,嫌疑人 A 选择坦白比较有利。如果嫌疑人 B 坦白的话,嫌疑人 A 不坦白收益为 1,坦白收益为 2。因此,这种情况下嫌疑人 A 也会选择坦白。总之,不管嫌疑人 B 坦白还是不坦白,对嫌疑人 A 来说坦白才是明智的。

   (2) 至于嫌疑人 B 所采取的策略,同样按照(1)的分析,不管嫌疑人 A 采取何种策略,B 选择坦白才是有利的。

3. 请思考国家间的军备竞赛以及学生求职决定的提前化(也就是俗称的"买青苗")等例子。

4. C 公司在 P 市开店时,如果 D 公司也在 P 市开店的话,D 公司的收益为 2,而在 Q 市开店收益则为 10。因此,D 公司应该选择在 Q 市开店。

   相反,如果 D 公司在 Q 市开店,对于 C 公司而言到 P 市开店的收益为 9,到 Q 市开店的收益为 3。因此,对 C 公司而言到 P 市开店才是有利的。像这样,双方都选择了最佳战略,实现了纳什均衡。

5. B 公司采取策略 1 时,A 公司采取提案 Ⅰ 时收益为 80,采取提案 Ⅱ 时收益为 50。因此,对 A 公司而言,在 B 公司采取策略 1 时采用提案 Ⅰ 较有利。相反,如果 A 公司采取提案 Ⅰ 时,B 公司采取策略 1 到策略 4 的收益分别是 20、20、0、0,所以对 B 公司而言,采取策略 1 时收益最大。像这样,双方都互相实现了收益最大化,所以"第一种情况"实现纳什均衡。"第一种""第二种"也同样适用。

【第五章】

1. (1) 根据股利贴现模型,股价是由红利和贴现率来决定的。股价=股利/贴现率=50 日元÷0.05=1 000 日元。现在的股价是 2 000 日元,它高于通过股利贴现模型预测出的股价。

   (2) 与(1)计算方法相同。股价=红利/贴现率=50÷0.025=2 000 日元。

2. (1) $P=20, Q=10$ 时,利润=收入-总成本=200-74.4=125.6。同样,当 $Q=12$ 时,利润=240-110.16=129.84。当 $Q=14$ 时,利润=280-175=105。

   (2) 产量不管大于 12 还是小于 12,利润都会减少。要使利润最大化,就要使 $P=MC$ 成立。因此,$Q=12$ 时利润实现最大化。

   (3) 因为 $P=MC$,所以利润实现最大化时的产量为 10。这时的利润=90-74.4=15.6。

   (4) 根据 $P=MC$,边际成本曲线就是供给曲线。但是根据价格的不同,企业也会有不开工的情况。如果价格 P 高于9,那么,企业有盈利,会作业。当价格为5时,企业虽然有亏损但还是会作业。但是,当价格为2时,$MC<AVC$,企业将停止作业。

3. (1) 连续工龄请参照日本厚生劳动省《工资结构基本统计调查》,离职率请参照《雇佣动向调查》。

【第六章】

1. (1) 40,小麦生产的附加价值为20,小麦粉生产的附加价值为20。
   (2) 80,(1)加上生产面包的附加价值40。
   (3) 90,(1)加上生产面包的附加价值50。
   最终生产物的总计为面包80+小麦粉10=90

2. 由于日本是对外债权国,所以,比起对外国支付的利息、股利等,所接受的利息、股利要多。因此,日本的GNP较多。另一方面,中南美洲国家是对外重债务国,向外国支付的利息较多,因此GDP高于GNP。

3. 通货膨胀意味着货币价值下降,会带来存款的实际价值减少,所以,对于老年人等依靠存款、退休金生活的人群会造成影响。有些人拥有一些就算通货膨胀也不会减值的资产(比如,股票、土地等随着通货膨胀的加剧反而有升值的倾向),通货膨胀会使这些人与没有这种资产的人群之间在收入分配上产生不公平。相反,负债较多的企业及个人,由于通货膨胀实际债务的价值减少,负担减轻。

4. 经济萧条时物价下降,人们会预测物价还会进一步下降,因此控制现在的支出,从而有可能导致萧条更加恶化(这称为通缩螺旋)。

5. 请从经济周期统计中,找出各个周期顶峰和谷底的基准日期,以及扩张期和收缩期的长度(月数)。

6. 企业通过人员调整、工资控制、FA化、OA化等措施来削减成本,在进行减量经营及调整产业内容和结构的同时,致力于节约资源能源。其结果有效减轻了第二次石油危机的影响。并且,由于这个过程中所进行的技术革新,进入20世纪80年代后,电子技术、新材料、生物技术等的先进技术产业不断发展,出口快速增加,日本很快走出了经济萧条。

7. 日元升值的正面影响:能给进口商及依靠进口原材料的生产者带来汇率差价利益,但不久随着差价利益的返还,有助于稳定物价,会带来相关产业的技术革新及合理化,提高生产率,转化为国内需求主导型增长。

   日元升值的负面影响:出口差额亏损,由于出口量、出口净收入的减少给出口相关产业带来打击,导致空洞化。企业收益恶化,最终导致破产、失业率增加等的日元升值萧条所造成的经济低迷状态。

【第七章】

1. 根据宏观平衡公式,经常性收支必须为黑字。

2. 消费函数 $Y=C+I+G$ 公式中,代入消费函数,投资,政府支出的数值就变成 $Y=0.8Y+20$。如果解这个公式,均衡 GDP 就是 100。把这个 GDP 代入消费函数,消费就是 81,储蓄 $=Y-C$ 成为 19。投资减少 1 个单位,成为 11 的话,前面的公式就变成 $Y=0.8Y+19$,解公式的话,$Y=95$,GDP 减少了 5 个单位。

3. 名义货币供应量的减少会使总需求曲线左移。这在短期内会使物价水平和实际 GDP 降低,但长期来看,总供给曲线会趋于垂直,实际 GDP 不变,只是物价水平会降低。

4. 这是正面的供给冲击,它会使长期总供给曲线右移,物价下跌,实际 GDP 增加。

【第八章】

1. 第一项职能是以提供公共产品及行政服务为中心,称为资源分配职能。第二项职能是收入再分配职能,保障居民最低限度水平的生活(最低国民生活水平,National Minimum),调整收入分配中的不平等。第三项职能是,通过税收及政府支出增减来抑制经济景气变动的稳定经济的职能。这三项职能中,收入再分配和稳定经济是国家的主要职责。很多公共产品及行政服务的受益群体只限定在特定的区域,所以,财政的资源分配职能一般以地方为中心来执行。国家则主要负责国防、外交等国家性公共产品的供给及公共产品漏出(Spillover)的调节等。

2. 税收负担率是指相对于国民收入的整个国家的税收负担率。社会保障资金(养老金及健康保险等社会保险金)的负担与税收一样具有义务性,相对于国民收入的这一比率就称为社会保障负担率。税收负担率加上社会保障负担率称为国民负担率。并且,包含财政赤字(将来的国民负担)的国民负担率称为潜在国民负担率。

3. (1) 从财政支出中减去地方交付税补助金及公债费后的一般支出如果紧张时,支出预算在编制上的弹性将减弱,资源分配、收入再分配、稳定经济等的财政职能将不能有效发挥作用。由于财政赤字造成的公债发行如果一直持续下去,就算不会造成财政破产,也有可能使公债依存度及公债余额的对 GDP 比例达到一个极高的数值。

   (2) 政府债务有可能会产生吸收民间储蓄、阻碍民间投资这样的挤出效应(Crowding Out),并且由于财政赤字而导致利率上升,从而导致外国货币的流入,造成日元升值,出口减少,经常收支的黑字有可能减少。

4. 使用计算软件(比如 Excel 等),可以简单地计算出构成比。图 A-2 是其中一个例子。在低利率的背景下,现金货币 C 的比例渐渐增加,存款货币 D 的比例也在增加,而准货币 TD 的比例则不断下降。

5. 在本文中的信用创造程序下,我们可以知道最初的高能货币(High-powered Money)的增加额(ΔH)通过信用创造产生的存款总增加额(ΔD)为:$\Delta D = \Delta H + (1-\beta)\Delta H + (1-\beta)^2 \Delta H + \cdots$。这是一个首项为 ΔH,公比为 $0<(1-\beta)<1$ 的无限等比数列。且根据无限等比数列公式(=首项×1/(1-公比)),可以算出:

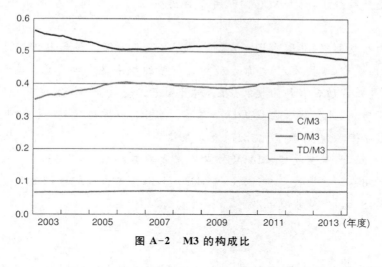

图 A-2　M3 的构成比

$$\Delta D = \frac{1}{1-(1-\beta)}\Delta H = \frac{1}{\beta}\Delta H$$

6. 如果中央银行通过卖出操作吸收资金,那么,市场上的资金供给会紧张,即资金供给曲线左移。因此,利率上升。

【第九章】

1. (1) 用 Y 产品为基准算出的 X 产品价格是,Ⅰ国为 100/120,Ⅱ国为 90/80,所以相对而言,X 产品在Ⅰ国较便宜。而相反,以 X 产品为基准计算出的 Y 产品价格在Ⅱ国较便宜。因此,Ⅰ国对 X 产品拥有比较优势,Ⅱ国在 Y 产品上具有比较优势。

   (2) Ⅰ国生产 X 产品 2.2 单位,Ⅱ国生产了 2.125 单位的 Y 产品。可以从这点看出,比起贸易前,世界整体的生产量增加了。

2. 现在,封闭经济下的均衡表示为图 A-3 中的 E 点。这时,消费者剩余是三角形 DEP_0,生产者剩余是三角形 SEP_0,总剩余是三角形 DES。如果该产品的国际价格用 P_1 表示,那么,会产生生产量的增加(Q_0-Q_1)和消费量的减少(Q_0-Q_2)。结果,(Q_1-Q_2)被出口,这时的消费者剩余为三角形 DFP_1,生产者剩余为三角形 SGP_1。与封闭经济相比,剩余增加了三角形 EFG 的部分,这也就等于自由贸易的收益。

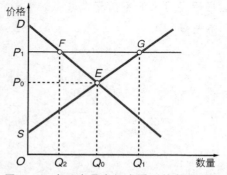

图 A-3　出口商品市场中看到的贸易利益

3. 参考图 9-2,把纵轴换成工资,横轴换成劳动量,Ⅰ国和Ⅱ国的资本边际产量曲线改为两国的劳动边际产量曲线。劳动力的输出国(Ⅰ)国,因劳动力的流出,工资会上涨。

虽然国内生产减少了,但是从Ⅱ国获得了伴随劳动力转移而产生的工资报酬,国民收入就增加。

　　劳动力接受国家(Ⅱ国),因劳动力的流入,工资下降。虽然Ⅱ国对Ⅰ国支付工资报酬,但国内生产(国民收入)增加。劳动力转移的结果是全世界范围内生产和收入增加,在Ⅰ国是对劳动者有利的收入分配,对Ⅱ国来说是对资本所有者有利的收入分配。

4. 请通过图示确认,外汇需求曲线 DD 的右移,会引起日元贬值、美元升值,而外汇供给曲线 SS 的右移,则会导致日元升值、美元贬值。

5. (1) GDP=460,经常性收支=14;(2) 对外贸易乘数=2;
   (3) GDP=480,经常性收支=12;(4) GDP=472,经常性收支=12.8;
   (5) GDP=480,经常性收支=22。

【第十章】

1. 请参考 OECD 发布的《OECD Factbook》(日语版)及联合国发布的《人类发展报告》等,作出回答。

2. 请参考 OECD 发布的《OECD Factbook》(日语版)及世界银行发布的《世界发展报告》等,作出回答。

3. 通过本书的学习对经济学多多少少产生了一些兴趣的人,我们建议首先去学习微观经济学和宏观经济学,打好经济学的基础。然后,如果想要进入与微观经济学相关的专业领域,那么,有产业组织论、博弈理论、公司管理等可以学习。而在宏观经济学相关学科中,有宏观发展理论、开放宏观经济学、财政学、金融论等。如果需要以数据为基础进行统计分析的话,学习计量经济学是较为理想的。此外,还有作为历史性分析的经济学说史和经济史等,地理性分析的经济地理学等。并且,国际经济的分析有国际贸易论和国际金融论,劳动市场的分析有劳动经济学,发展中国家经济的分析有开发经济学等,根据研究对象的不同存在着各种各样的专业领域(包括交通经济学、能源经济学、环境经济学等)。

图书在版编目(CIP)数据

商务经济学入门/早稻田大学商学部商务经济学研究会著;金燕玲等译.
—上海:复旦大学出版社,2017.8(2018.4重印)
(西方商务经济学名著译丛)
ISBN 978-7-309-13103-1

Ⅰ.商… Ⅱ.①早…②金… Ⅲ.商务-经济理论 Ⅳ.F710

中国版本图书馆 CIP 数据核字(2017)第 169311 号

BUSINESS NO TAME NO KEIZAIGAKU NYUMON
Copyright© Study Group of Business Economics, Waseda University
Chinese translation rights in simplified characters arranged with CHUOKEIZAI-SHA, INC. through Japan UNI Agency, Inc., Tokyo
本书中文简体字版专有出版权由复旦大学出版社所有。未经出版者预先书面许可,不得以任何方式复制或抄袭本书的任何部分。

版权所有,翻印必究。

上海市版权局著作权合同登记图字:09-2017-297 号

商务经济学入门
早稻田大学商学部商务经济学研究会 著 金燕玲 等译
责任编辑/鲍雯妍

复旦大学出版社有限公司出版发行
上海市国权路 579 号 邮编:200433
网址:fupnet@fudanpress.com   http://www.fudanpress.com
门市零售:86-21-65642857   团体订购:86-21-65118853
外埠邮购:86-21-65109143
江苏凤凰数码印务有限公司

开本 787×1092   1/16   印张 11   字数 222 千
2018 年 4 月第 1 版第 2 次印刷

ISBN 978-7-309-13103-1/F·2387
定价:30.00 元

如有印装质量问题,请向复旦大学出版社有限公司发行部调换。
版权所有   侵权必究